歴史が眠る多磨霊園

小村大樹
Daiju Omura

花伝社

はじめに

恐怖を感じるゆえでしょうか、墓地に行けば幽霊がでるとか、呪われるとか、どうもお墓というとマイナスイメージが強いようです。しかし、人間は誰しもいずれ死ぬわけで、死んだ者を恐れたり煙たがるのはおかしな話です。もちろん身内と他人とでは重んじる気持ちが違うのも確かですが、日本人はおおむね、死者に対して冷たいように思われてなりません。

お墓とは、一人の人間の終着地点です。宗教に関係なく、お墓はそこに眠る人物の歴史が詰め込まれています。お墓は歴史を肌で感じることができる場所、歴史の宝庫なのです。そして、死んだ者を活かすのは生きている者です。先輩たちがいるから今の時代があるわけで、思想や環境が変わっても、先人と私たちは同じ土地に生きる者同士です。

お墓の大きさや墓所面積は関係ありません。そこに眠る人たちの歴史から、未来を担う我々が何かを学ぶきっかけも眠っているかもしれません。昔の人たちが人生を捧げた対象に、現代の考えでは到底理解しがたいことも多くあります。しかし、たとえば戦争のような過去の歴史を「悪いから」と臭いものに蓋を閉じてしまうように扱うのは簡単ですが、本当にそれだけでよいのでしょうか。

私は、明治~平成期の歴史上の人物が多く眠る多磨霊園を通じて今一度、近現代史と向き合ってみたいと考えました。お墓をきっかけに、そこに眠る著名人たちの生き方を知り、これら人物たちが当時の状況・環境において何を考え、どうしてそのような生き方を選んだのかを学ぶことが「歴史が眠る多磨霊園」のねらいです。「歴史を学ぶのは、過去の事実を知ることだけではない。過去の事実について、過去の人がどう考えていたかを学ぶことだ」。この考えのもと、ホームページを運営し、そこから厳選してまとめたのが本書です。

国内には多くの霊園が存在しますが、多磨霊園ほど多くの著名人が眠っている霊園はありません。私は20年以上多磨霊園を調査し、ホームページ上で3000名を超える著名人を取り上げてきましたが、まだまだ終わりません。どこまで著名人として扱うかという問題もありますが、それに私はこう答えておきたいと思います。「私が著名人だと思った人物は全て著名人である」と。よって、政治家、文学者、芸術家、研究者、実業家、芸能人、軍人まで幅広く網羅するつもりです。

多磨霊園は東京都府中市と小金井市にまたがる都立霊園であり、1923(大正12)年開園。東京ドーム27個分に相当する広大な敷地(128万237平方メートル)には、40万の御霊が眠ると言われています。この中には、明治、大正、昭和、平成に活躍した著名人が相当数います。

いかんせん足での実地調査ですので、中には誤認でアップしてしまった人物や、見逃している著名人もいます。また昨今、東京都は5年間管理料が未納で継承者が不明の墓地の前に看板を立て、1年間名乗り出る親族がいない場合、たとえ著名人のお墓であっても強制的に更地として無縁墓地に改葬しています。よって私も気づかないうちに、あるべきところに墓所がなくなってしまっていることもあるかもしれません。お気づきの点がありましたらご一報いただきたく存じます。

多磨霊園著名人研究家　小村大樹

歴史が眠る多磨霊園◆目次

第3章 夢を追い続けた人が眠る多磨霊園

第4章 多磨霊園に眠るアスリートとオリンピック

第5章　多磨霊園に眠る芸能人たち

第6章　芸術家・音楽家が眠る多磨霊園

第7章　〝事件〟の人が眠る多磨霊園

第8章 日本最大のクーデタ事件「二・二六事件」と多磨霊園

第9章 軍人が眠る多磨霊園

住所：東京都府中市多磨町 4-628
アクセス：西武多摩川線多磨駅から徒歩５分
JR 武蔵小金井駅南口６番京王バス（京王線「多磨霊園」行き）、「多磨霊園表門」下車徒歩２分
京王線多磨霊園駅北口京王バス（JR 武蔵小金井駅北口行きまたは多磨町行き）、「多磨霊園表門」下車徒歩２分

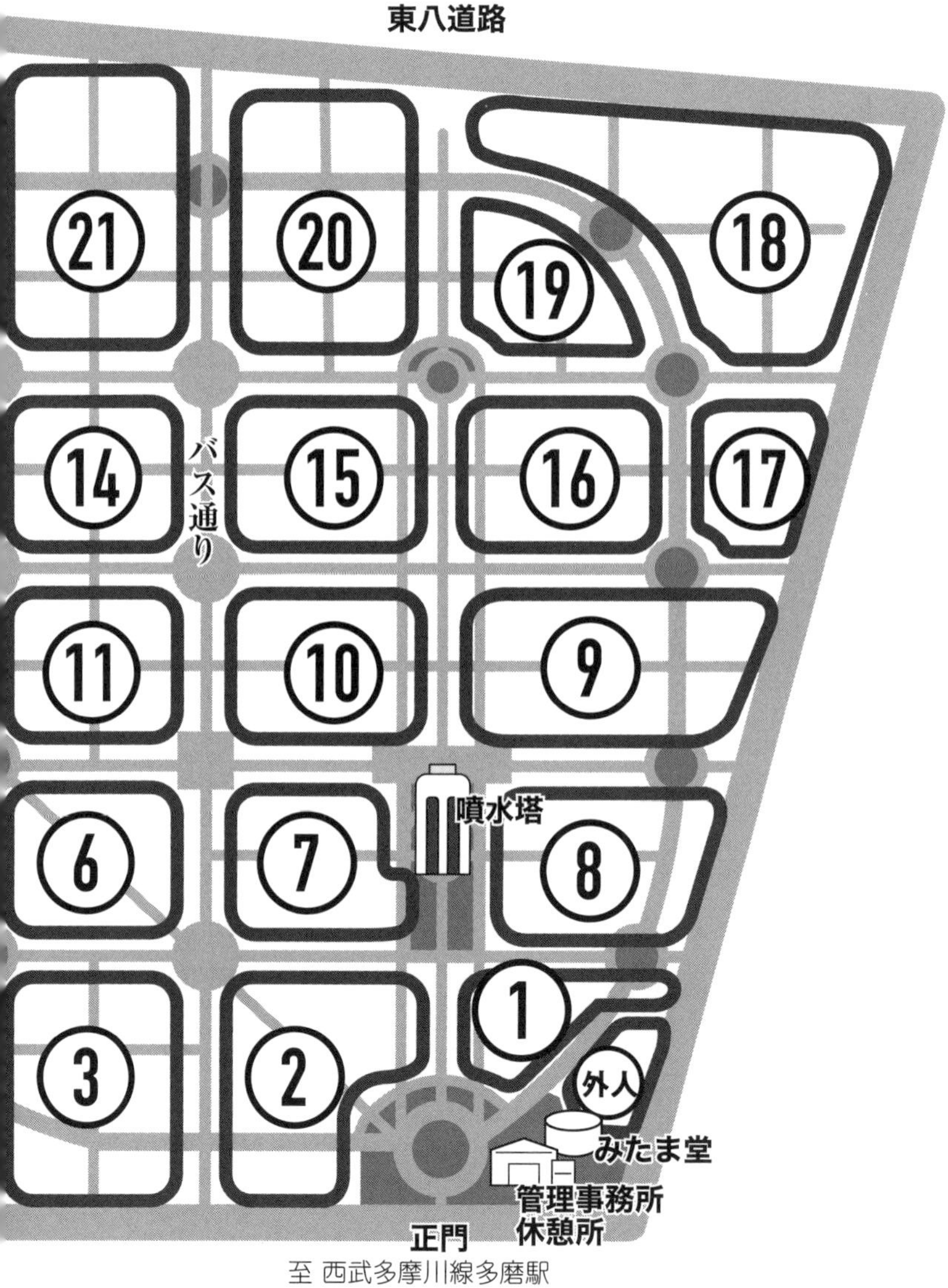

多磨霊園地図

多磨霊園の墓地は「区」「種」「側」「番」と一つひとつのお墓に割り振られています。区は1～26区と外人墓地区を含め27エリアとなります。道路に面しているエリアの外側を「1種」、内側を「2種」とし、その並びを「側」としています。そして端から「1番…」となります。エリアの道沿いに「区」の地図板が建っています。また管理事務所で案内図が配布されており、インターネットでもPDFダウンロードが可能です。

散策や墓前に赴く際はマナーを守り、御霊を敬う心を忘れず、霊園内をめぐってください。

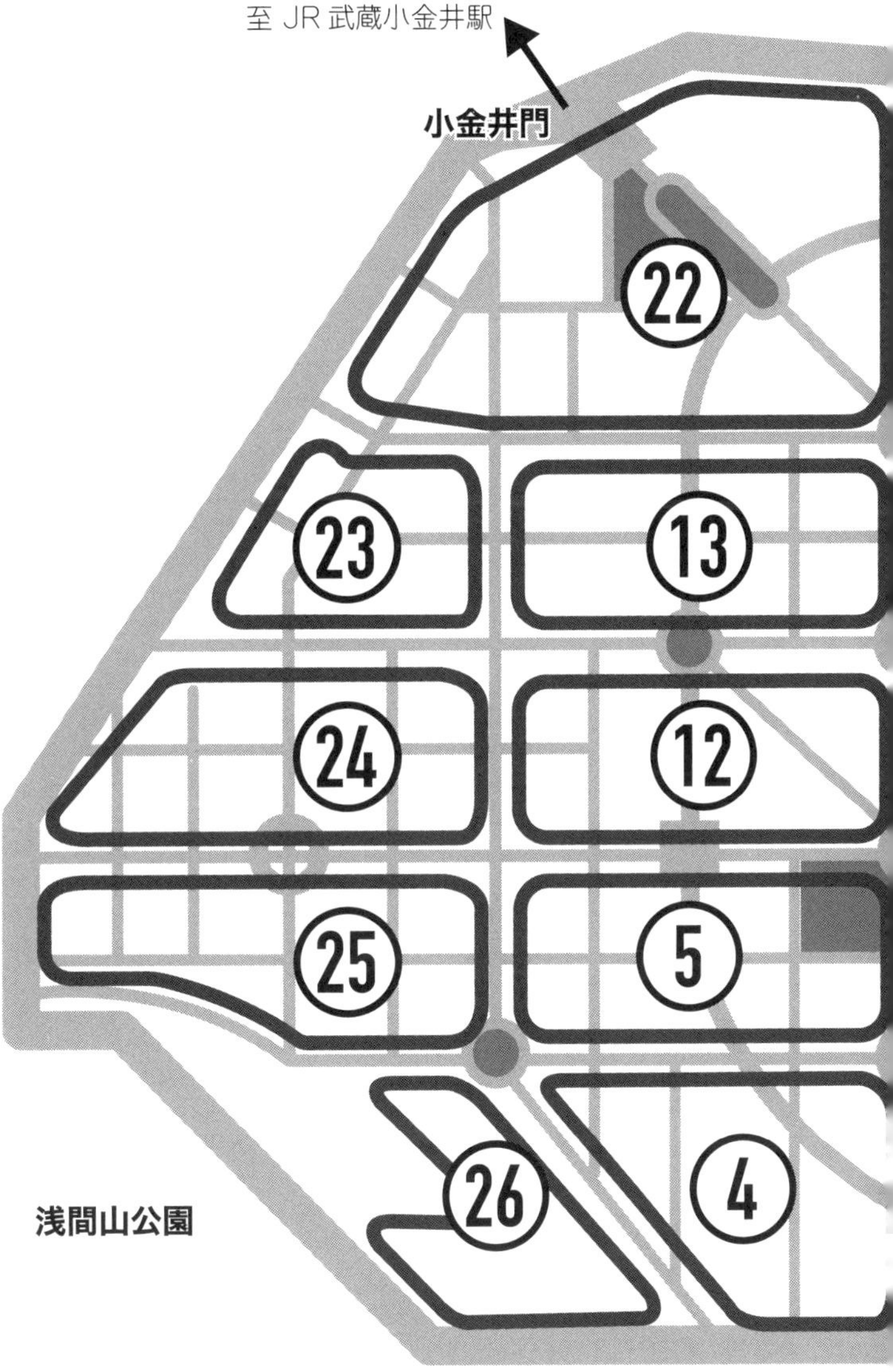

第1章

作家・小説家たちが眠る多磨霊園

1　有島武郎心中事件

有島武郎

恋愛事情や社会的身分の違い……様々な理由によって「心中」を選んでしまった人たちが多磨霊園には眠ります。大正期の人気作家だった有島武郎《ありしまたけお》もその一人です。

有島武郎は東京小石川出身。父は薩摩藩士で大蔵官僚の有島武（同墓）。弟に洋画家・小説家の有島生馬、小説家の里見弴がいます。最初は英語講師をしていましたが、人道主義を掲げる『白樺』同人として作家活動を開始。白樺派の中心人物として『かんかん虫』『お末の死』などの小説や評論を発表しました。

１９０９年、10歳年下の安子と結婚します。安子は三男を出産後より体調を崩し、肺結核を発病。療養むなしく、夫が作家として大成することを願う遺書を遺して27歳の若さで没しました。武郎は安子の死を契機に本格的に文学に打ち込み、小説『カインの末裔』『生れ出づる悩み』、評論『惜しみなく愛は奪う』など、下層階級の女性を描いた作品を発表し人気を得ます。１９１９年発表の『或る女』で文壇の頂点にまで昇りつめました。愛の苦悩と救済を求める心の彷徨を描き、幼い三人の子供を抱えながらも独身主義を貫く潔癖さに、熱狂的な女性ファンが多くいました。しかし、「純粋にして潔癖な愛」という作風に武郎自身が息苦しさを感じ次第に創作力が衰え、小説『星座』執筆途中に筆を絶ちます。

そんな時、婦人公論記者の波多野秋子が担当となります。当初は武郎が毛嫌いしていましたが、劇場で再会し意気投合、以降、秋子は武郎が主宰する雑誌の編集を手伝いながら、自身に子供のない人妻は、三人の子供たちを何かと世話しました。こうして武郎と秋子の関係は親密なものとなっていきます。

二人の関係は、やがて秋子の夫であり実業家の波多野春房の知るところとなります。そもそも、華族出身の妻を離籍させ秋子を迎え入れた後、彼女を青山学院に通わせ、職業婦人としての自立を助けたのは、すべてこの15歳上の夫の力です。ことの顛末を知った春房は、1923年6月6日、武郎と秋子を事務所に呼び出しました。春房は商人柄、無償で提供しないという持論に沿い、11年も妻として扶養し教育もしてきたと、武郎に金銭を要求しました。更に、人気作家に妻を取られる恥をさらされては会社勤めもできなくなると辞表も見せつけ、一生金で苦しめると脅迫しました。当時、不貞は姦通の罪に問われ、男女双方に大きな制裁を与えられました。春房が訴えれば二人は監獄行きであり、クリスチャンとして貞節と潔癖を重んじてきた武郎の作家生命が侮蔑と嘲笑にまみれることは見えていました。しかし、武郎は春房の報復のような恐喝に対して、「自分が命がけで愛している女を、僕は金に換算する屈辱を忍び得ない」と金銭で愛を汚すことを拒否します。春房は警察に突き出すと脅しをかけましたが、武郎は「よろしい、行こう」と動じず、春房が支払いを拒むなら兄弟たちを呼びつけると罵るも、武郎は秋子を連れてその場から離れました。

その2日後の6月8日午後、二人は誰にも行き先を伝えずに軽井沢へと向かいました。翌朝未明、愛宕山にある武郎の別荘、浄月庵の応接間で二人は首を吊りました。亡骸が別荘の管理人に発見されたのは1ヶ月後の7月7日でした。梅雨時で二人の遺体は腐乱し朽ち果て、遺書の存在でようやく身元が分かったといいます。

有島武郎

1878（明治11）年3月4日～
1923（大正12）年6月9日
埋葬場所：10区1種3側10番

入り口正面に両親の有島武・幸子の墓、左に「有嶋行直家累世之墓」、その向かいに武郎と、共に心中した秋子ではなく、若くして亡くなった妻の安子とのブロンズがはめ込まれている。

2 師弟愛の詩人

北原白秋 ● 與田準一

♪ あめあめ　ふれふれ　かあさんが　じゃのめで　おむかえ　うれしいな
ピッチピッチ　チャップチャップ　ランランラン
北原白秋作詞「あめふり」

詩人・北原白秋《きたはらはくしゅう》は熊本県に生まれ、福岡県柳川で育ちました。県立伝習館中学の頃より詩歌に熱中し、上京して早稲田大学に入学、懸賞で一等に入選するなど新進詩人として注目されるようになります。『明星』に詩・短歌を発表して才能を示し、1908年、「謀叛」を発表して世評高くなりました。翌年『スバル』を創刊。耽美派・新浪漫派として活躍しました。

白秋は生涯の著作は200冊にのぼり、現代の我々にも馴染みある詩を多く創作しています。一方、その生涯は波乱万丈で、実家の没落、借金苦に加え、人気絶頂期に隣家の人妻・俊子の夫から姦通罪で告訴され逮捕されています。これは別居中の夫による陰謀で無罪免訴となりましたが、白秋は俊子の離婚が成立した後に最初の妻として迎えます。しかし長続きせず、再婚するもまた離婚、詩人としてもスランプに陥ります。

1921年に菊子と再々婚すると、子供にも恵まれ、詩作活動も蘇り、生活も少しずつ安定してきました。そんな折、白秋をうならせる新鋭詩人に出会います。同郷で小学校教師をしていた與田準一《よだじゅんいち》です。

與田準一は尋常小学校准訓導の検定試験に合格し、18歳から4年間、現在の福岡県筑後市で教員をしなが

與田準一
1905（明治38）年8月2日〜
1997（平成9）年2月3日
埋葬場所：13区1種27側
與田準一は「与田準一」と表記されることもある。

北原白秋
1885（明治18）年1月25日〜
1942（昭和17）年11月2日
埋葬場所：10区1種2側6番
同墓には長男の禅哲学者の北原隆太郎も眠る。また白秋の弟で芸術雑誌『ARS』や日本初の写真雑誌『CAMERA』を創刊した北原鉄雄、アトリヱ社の代表を務めた北原義雄の墓所は15区1種13側。

ら、鈴木三重吉主宰の雑誌『赤い鳥』に詩を投稿していました。その時の選者が白秋で、白秋は與田の才能を見出し、上京を促します。1927年4月9日、白秋が與田に送ったハガキにはこのように記されています。「今度の家も手狭で、君の勉強部屋や寝室に当てるべきものがないため、窮屈だろうと思うが、とにかく上京してみたまへ。……入学のつもりで、かたがた私の助手なり書生なりの覚悟でないと失望するだろう」。

與田は喜び上京を決意します。白秋は與田を自宅に住まわせ詩人への道をサポートしました。與田はお礼に白秋の子息の家庭教師を引き受けます。

その後の與田はメキメキと頭角をあらわし、白秋や西條八十、野口雨情たちによって拓かれた童謡をさらに洗練させ、芸術としての童謡、あるいは少年詩として読むに耐えうる〈うた〉へと高めることに心血を注ぎ、多くの作品を発表しました。後に日本児童文学者協会会長も務め、児童文学界の重鎮として尽力し、白秋のイズムを次の世代へと注ぐ人物として、多くの門下生を育てました。

♪　ことりはとっても　うたがすき　かあさんよぶのも　うたでよぶ
ぴぴぴぴぴ　ちちちちち　ぴちくりぴ

芥川也寸志が作曲した「小鳥の歌」。〝白秋イズム〟にあふれた與田準一の作品です。

3 多磨霊園で起きた遺骨盗難事件

三島由紀夫 ● 長谷川町子

墓荒らしはエジプトのピラミッドや日本の古墳において昔からあり、墓地に供えられた貴金属などが盗まれたり、死体そのものが持ち去られるケースもあります。現代日本でも幾つか事例があり、陶芸家作の骨壺を盗み売り歩いていた男が逮捕された事件や、近藤真彦氏の母親の遺骨が持ち去られ、レコード大賞を辞退させろとジャニーズ事務所が脅迫された事件、王貞治氏の妻の遺骨が盗難された事件などがあります。

多磨霊園でも過去に2回、遺骨盗難事件がありました。作家の三島由紀夫《みしまゆきお》と漫画家の長谷川町子《はせがわまちこ》です。

三島由紀夫（本名・平岡公威）は東京四谷出身。祖父は樺太長官などを務めた平岡定太郎で、父は農林官僚の平岡梓（共に同墓）です。学習院中等科在学中から詩歌や散文を書き、1938年、『輔仁会雑誌』に、最初の短篇小説「酸模（すかんぽ）秋彦の幼き思ひ出」「座禅物語」が掲載されました。1941年から同雑誌の編集長に選ばれ、処女短篇集『花ざかりの森』を手がけ、この時より筆名を三島由紀夫とします。戦後は川端康成の推薦で『煙草』『岬にての物語』などを発表して文壇の足がかりをつくり、1947年に東京大学を卒業して大蔵官僚となるも、9ヵ月で退職し作家に

三島由紀夫
1925（大正14）年1月14日〜
1970（昭和45）年11月25日
埋葬場所：10区1種13側32番
（平岡家之墓）
平岡家の右側に靈位標があり、
そこに筆名三島由紀夫の字が刻む。

専念します。『仮面の告白』『愛の渇き』『青の時代』『潮』『金閣寺』『鏡子の家』などのベストセラーを立て続けに発表。戯曲や評論も発表し、ノーベル文学賞候補となるまでに名声をあげました。一方で政治活動に力を入れるようになり、１９６８年「楯の会」を結成。70年、同志を率いて東京市ヶ谷の自衛隊東部方面総監部に乗り込み自衛隊の決起を促したものの果たせず、割腹自殺しました。

自殺翌年の１９７１年９月、三島由紀夫の遺骨が盗まれる事件が発生し、同年12月、非番の捜査官が三島の墓所から約40メートル離れた盛土の中に骨壷が埋まっているのを発見しました。夫人同席のもと中を確認したところ、骨と一緒に入れた葉巻もそのままの状態で入っていたことから本人のものと確定。盗んだ犯人が自発的に返したものと思われましたが、その背後関係ははっきりせず捜査は打ち切られています。

長谷川町子
1920（大正９）年１月 30 日～
1992（平成４）年５月 27 日
埋葬場所：10 区１種４側３番

長谷川町子が没した翌年の１９９３年３月25日、町子の遺骨が墓所から盗まれ、数千万円を要求する脅迫状が遺族に届けられたことが、４月１日付の各紙報道で伝えられました。脅迫を受けていた町子の姉の毬子が警視庁玉川署に被害届を出して発覚したのです。毬子宅に「町子の骨壷の写真の入った遺骨を返してほしければ金を出せ。要求に応じるなら新聞広告を出せ」という内容の脅迫状が郵送され、玉川署が都内で警戒にあたっていたものの犯人は現れず、４月５日、長谷川町子の遺骨はＪＲ渋谷駅内のコインロッカーで発見されました。犯人の行方などはわかっておらず、こちらも捜査は打ち切られています。

生きている人間は誘拐となりますが、人間は骨になると〝モノ〟と解釈され、窃盗・盗難となります。また、墓を荒らす行為は刑法第24条「礼拝所及び墳墓に関する罪」となり、その罰則も法律で定められています。

4 「11ぴきのねこ」と「フランダースの犬」の秘話

馬場のぼる ● 土倉富士雄

発表されて50年以上経った今でも人気の絵本『11ぴきのねこ』の作者・馬場《ばば》のぼるは、青森県出身。海軍航空隊に入隊し、特攻隊員として出撃を待つ間に終戦を迎えました。戦後は実家に戻り絵の勉強を始め、映画館などのポスターや看板を描くようになります。そして漫画家となり、１９４８年、赤本漫画『怪盗カッポレ団』を出版。１９５４年からの連載『ブウタン』では第１回小学館漫画賞を受賞します。

１９６４年に『きつね森の山男』で産経児童出版文化賞を受賞すると、絵本作家として活路を見出します。１９６７年、代表作となる、とらねこ大将と10匹の仲間の愉快な冒険物語『11ぴきのねこ』を刊行し、手塚治虫、福井英一とともに「児童漫画界の三羽ガラス」と称される人気作家となりました。他に日本経済新聞の連載４コマ漫画「バクさん」や、群馬県のキャラクター「ぐんまちゃん」（初代）なども馬場の手になるものです。

『11ぴきのねこ』はこぐま社社長の佐藤英和と二人三脚でつくられました。馬場は「お腹を空かせた猫が魚を食べるために頑張る話を描きたい」という想いを佐藤に伝え、「魚は大きい方がいい」「ネコは１匹よりも何匹かいたほうがいい。でも何匹にするか？」「１匹は大将、あとの10匹が兵隊だ」「なぜ11ぴき？」「『じゅう・いっ・ぴき！』という発音が元気で気に入った」と丁々発止のやりとりを経て作品が出来上がっていっ

土倉冨士雄
1908（明治 41）年 11 月 1 日～
1983（昭和 58）年 7 月 31 日
埋葬場所：16 区 1 種 20 側

馬場のぼる
1927（昭和 2）年 10 月 18 日～
2001（平成 13）年 4 月 7 日
埋葬場所：20 区 1 種 22 側

たそうです。

ところが、ストーリー内容には懸念もありました。まず、主人公が名前のない野良猫であること。そして、野良猫が狙っている大きな魚は何も悪さをしているわけではなく、残酷ではないかと思われる可能性があることでした。しかし、馬場は自身の戦争経験から「子どもたちはお腹を空かしているし、お腹いっぱいになりたいと願っている。世の中に残酷と言われても、子どもたちが喜んでくれれば良い」と、出版を強行しました。結果は予想に反して大人気となり、2度目の産経児童出版文化賞を受賞します。作品には集団心理や団結効果、とらねこ大将のリーダーシップ等の描写と意外なストーリー展開が備わっており、かわいいキャラクターが人気を博した背景もあります。『11ぴきのねこ（と）～』の題名で以降6作にわたって出版され、数々の賞を得ました。

さて、アニメ「フランダースの犬」の最終場面を知っている人は多いと思います。実は原作では主人公のネロ少年が聖堂に向かったのは自殺のためで、死因は餓死でした。これを、教会でネロとパトラッシュのもとに天使が舞い降りて天へ召される有名な場面へと切り替えさせた人物がいます。番組のスポンサーだったカルピス社長の土倉《どくら》冨士雄《ふじお》です。

土倉冨士雄は奈良県出身。祖父は日本の造林王の土倉庄三郎。父はカーネーションの父と称された土倉龍治郎（同墓）です。1932年、京都帝国大学を卒業し、カルピス株式会社に入社。1970年、社長に就任。カルピスの単品経営の脱却、企業体質の改善、生産体制の合理化、本格的研究施設の建設など、新しい導入に着手し、ジャネット・リンなど外国人タレントを宣伝広告に起用するなど企業イメージ構築に大きく貢献しました。

1969年からカルピス社は、1社提供の単独スポンサーとしてアニメーション製作に携わっています。当時流行のアクションものではなく、世界の名作にこだわり放映させたのが土倉です。カルピス劇場は、「どろろと百鬼丸」（1969）、「ムーミン」（1969~70）、「アンデルセン物語」（1971）、「ムーミン（新）」（1972）、「山ねずみロッキーチャック」（1973）、「アルプスの少女ハイジ」（1974）、「フランダースの犬」（1975）、「母をたずねて三千里」（1976）、「あらいぐまラスカル」（1977）、「ペリーヌ物語」（1978）を放映しました。

1975年に放映された「フランダースの犬」最終場面、土倉は敬虔なクリスチャンからの博愛精神により「死は終わりではなく、天国への凱旋である」と考え、あの有名な場面となったのです。

名作には作り手の深い思いが込められ、それが予想外の展開を生み、後世に語り継がれることになっています。

5 「風立ちぬ、いざ生きめやも」

堀越二郎 ● 堀辰雄

2013年に公開されたスタジオジブリ製作の長編アニメーション映画『風立ちぬ』（宮崎駿監督）。この映画は実在の人物である堀越二郎《ほりこしじろう》が零戦を開発していく実話に、堀辰雄《ほりたつお》の小説『風立ちぬ』をミックスしている創作作品です。

堀越二郎は群馬県藤岡市出身。農家の次男として生まれますが、秀才であり東京帝国大学工学部航空学科を首席で卒業。1927年、三菱内燃機製造（現・三菱重工業）名古屋航空機製作所に入社。ドイツのユンカース社やアメリカに留学し設計技術を学びました。航空技術者として、太平洋戦争で活躍した「零式艦上戦闘機（零戦）」の生みの親です。零戦以外にも、逆ガル翼を採用した画期的な設計の「九試単座戦闘機」や、「雷電」「烈風」など海軍機の設計主務者としても活躍。戦後は航空学会会長、防衛大学校教授なども歴任しました。

堀辰雄は東京麹町出身。東京帝国大学文学部国文学科入学当初より創作活動を始め、1926年、中野重治らと同人誌『驢馬《ろば》』を創刊。詩、エッセー、翻訳など、モダニズムの影響を強く受けた作品を多く発表します。ところが、師事していた芥川龍之介の自殺に大きなショックを受け、また中野らが左翼化していった中で芸術派の道を歩みます。1929年に横光利一（4区1種39側16番）や川端康成らと文芸雑誌『文学』

を創刊。１９３０年に処女作の短篇集『不器用な天使』を出版、同年ラディゲ風の心理分析を施した作品『聖家族』で文壇に認められました。

堀は肺結核のため軽井沢でしばしば療養していました。１９３３年、同じく肺を病んで療養をしていた矢野綾子と知り合い、翌年二人は婚約します。堀よりも綾子の方が病が重く、献身的に支えますが、１９３５年、婚約者を亡くしてしまいます。愛する者の死を覚悟しながら、二人の限られた日々である「生」を強く意識して共に生きた実話を基に書き下ろした作品を、１９３６年、『風立ちぬ』というタイトルで発表しました。

作中にある「風立ちぬ、いざ生きめやも」から、ジブリ作品のキャッチコピーは「堀越二郎と堀辰雄に敬意を表して。いざ生きめやも」としています。堀は戦前多くの作品を発表していますが、戦後は症状が重くなりほとんど作品を発表できず、１９５３年５月28日に48歳で亡くなりました。

生前、二人は面識も接点もなかったのですが、時を経て、ジブリ作品でコラボレーション。そんな二人が同じ多磨霊園に眠っていることに、運命を感じます。

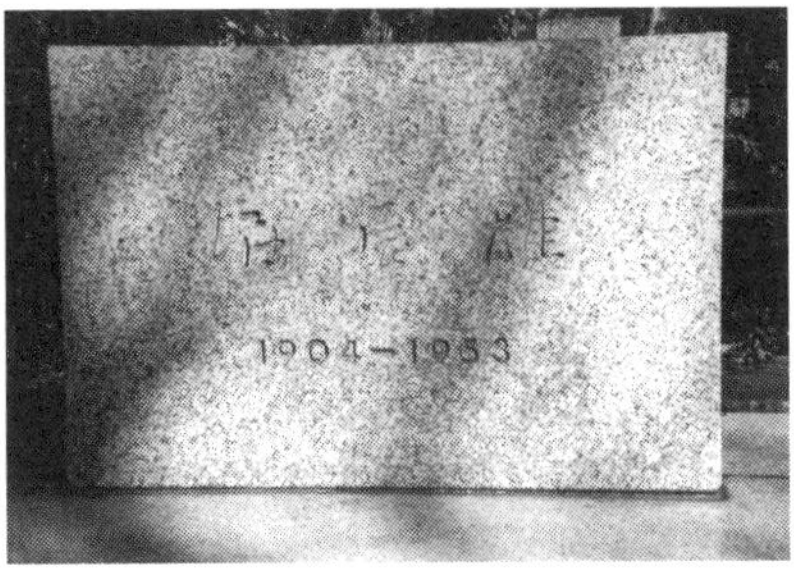

堀辰雄
1904（明治 37）年 12 月 28 日～
1953（昭和 28）年 5 月 28 日
埋葬場所：12 区 1 種 3 側 29 番

堀越二郎
1903（明治 36）年 6 月 22 日～
1982（昭和 57）年 1 月 11 日
埋葬場所：16 区 1 種 7 側

6 キャラクター元祖の生みの親

田河水泡 ● 長谷川町子

日本のマンガ・アニメーションには多くの人気キャラクターが存在しますが、長く愛され続けているキャラクターの代表は、田河水泡《たがわすいほう》の「のらくろ」と長谷川町子の「サザエさん」ではないでしょうか。

田河水泡、本名は高見澤仲太郎。東京出身。この風変わりなペンネームは、本名である「たかみざわ」をローマ字とし「TAKAMIZAWA」→「TAKAMIZ」「AWA」→「たかみず・あわ」と分け、田（た）・河（か）・水（みず）・泡（あわ）と表記したものです。

最初は画家を志し美術学校で学び、卒業後は広告デザインの手伝いをしながら、落語の執筆も行っていました。絵描きと落語作家の両面を得意としていたことから漫画の依頼を受け、1929年、ロボットを主人公とした「人造人間」を連載。これが日本初のロボットマンガとなります。

同年「のらくろ」の連載を開始しました。犬を飼い始めたことがきっかけで、昔写生をしていた時に見た真っ黒なノラ犬を思い出し、「のらくろ」のキャラクターとします。設定は自身の軍隊経験から犬が軍隊へ入営して活躍するという話。最初は二等兵から始まり階級が上がるたびにタイトルを変え、最終的には大尉まで昇進させました。

これが爆発的な人気を呼び、のらくろグッズが市場に溢れ、日本で初めて漫画のキャラクターが商業的に確立します。手塚治虫も幼い頃にのらくろを模写して技術を磨いていたことは有名な話です。戦後もリバイバル連載され、テレビアニメ化もされました。田河水泡は1989年に90歳で亡くなりましたが、今でものらくろグッズは人気です。

その田河水泡の弟子になりたいと、1934年、山脇高等女学校に通いながら田河家で生活を共にして画力を上げていたのが、長谷川町子です。佐賀県で生まれ福岡県で育ちましたが、父親の死去に伴い一家が上京したのを機に弟子入りをしています。1935年、『少女倶楽部』にて「狸の面」で漫画家デビュー。以後、連載作品も描き日本初の女性プロ漫画家として地位を確立していきました。

戦争中は福岡に疎開し、西日本新聞社に勤務。戦後すぐより、西日本新聞の僚紙としてフクニチ新聞社から創刊された『夕刊フクニチ』で連載4コマ漫画を頼まれたことが、「サザエさん」誕生となります。1946年4月22日から連載が始まり、掲載紙を変えながら、1951年4月16日からは『朝日新聞』朝刊の全国版で連載が始まります。休載などを挟みながらも、1974年2月21日まで続きました。1969年10月5日よりフジテレビでアニメ化され現在も続いています。

庶民性のある家庭漫画「サザエさん」だけでなく、「エプロンおばさん」「いじわるばあさん」なども愛されました。1992年に72歳で亡くなり、その年、国民栄誉賞が授与されます。

長期にわたり愛され続ける「のらくろ」と「サザエさん」。師弟関係にあった作者の二人は、同じ多磨霊園に眠っているのです。

田河水泡
1899（明治32）年2月10日～
1989（平成元）年12月12日
埋葬場所：24区1種22側52番（高見澤家）
同墓には妻で作家の高見澤潤子（本名冨士子）も眠る。文芸評論家の小林秀雄の妹。

7 友情の証として創設された「直木賞」と「芥川賞」

菊池寛 ● 直木三十五（追悼碑）

毎年、上半期と下半期の年2回発表されている直木賞と芥川賞は、2019年下半期で162回を数えます。直木賞は無名・新人及び中堅作家による大衆小説作品に与えられる文学賞で、芥川賞は純文学の新人に与えられる文学賞です。創設者は当時、文藝春秋社社長を務めていた菊池寛《きくちかん》が、友人の直木三十五《なおきさんじゅうご》を記念して、1935年に設立しました。同時に芥川龍之介を記念して芥川賞も創設しています。

菊池寛は香川県高松市出身で代々高松藩儒学者の家柄。芥川龍之介とは第一高等学校時代の同級生です。1916年、京都帝国大学卒業後、時事新報社会部記者を経て小説家となり、『無名作家の日記』『忠直卿行状記』『恩讐の彼方に』を発表して流行作家となりました。理知派を代表し、個人主義・現実主義の立場から人間を解剖し、生活的・常識的見方で封建思想を否定した作風でした。

1923年、私費で雑誌『文藝春秋』を創刊し、出版事業の進展に尽力します。1926年、劇作家協会と小説家協会が合併して日本文藝家協会を発足させ初代会長に就任。文芸家の職能擁護確立、地位向上、言論の自由の擁護、収入・生活の安定などを活動の主軸とし、個人的にも多くの作家や文学者の金銭的援助を行いました。こうした活動の一環として、新人作家の地位向上を目的として直木賞と芥川賞を設立したのです。

直木三十五

1891（明治24）年２月12日〜
1934（昭和９）年２月24日
直木三十五追悼碑場所：６区１種２側と８側の角地

菊池寛

1888（明治21）年12月26日〜
1948（昭和23）年３月６日
埋葬場所：14区１種６側１番

墓碑の書は川端康成。墓所入口には、菊池寛の曾孫で36歳の若さで急逝した小説家・菊池勇生の代表作「螺旋に回転する世界」プロローグを刻む碑が建つ。

菊池寛と直木三十五は１９２５年、連合映画芸術家協会を一緒に設立して映画製作に乗り出すなど親交が厚い友人同士でした。しかし、１９３４年に直木三十五は結核により43歳の若さで没しています（お墓は横浜市金沢区の長昌寺）。同級生であった芥川龍之介も、１９２７年に服毒自殺しています（お墓は豊島区巣鴨の日蓮宗慈眼寺）。

直木三十五が亡くなった翌年に友情の証として直木賞と芥川賞を設立していますが、同じ年に多磨霊園に菊池寛の手によって「直木三十五追悼碑」も建之されています。その碑文には下記のように刻まれています。

「直木三十五の文名は自ら不朽にして金石に刻して後世に伝ふる必要なきを信づ。ただ知友彼を偲ぶの情此處にこの石碑を建つ。後人この石碑を過ぎりて思ひを彼の作品に走らすことあらば幸せ」

8 ライバルのバチバチ！ 小説家同士のプライド

舟橋聖一 ● 大岡昇平

前回は直木賞と芥川賞を設立した菊池寛の話をしました。これらの賞の選考委員は、著名な作家が務めるのが通例です。

その中のひとりに、戦前戦後にヒット作品を生み出した小説家の舟橋聖一《ふなはしせいいち》がいます。１９３４年に小説『ダイヴィング』を発表し、１９３５年『文学界』同人となり、１９３８年『木石』で文壇に認められ、戦後も『悉皆屋康吉』『雪夫人絵図』『花の生涯』など代表作があります。

舟橋は第21回（１９４９年上半期）から芥川賞選考委員を務め、選考委員の重鎮として君臨していました。そこに第55回（１９６６年上半期）から新しく小説家の大岡昇平《おおおかしょうへい》が選考委員に加わります。

大岡昇平は太平洋戦争で召集され、暗号手としてミンドロ島警備にあたっていましたが、アメリカ軍の捕虜となり、レイテ島ラクロバンの俘虜病院に収容され終戦を迎えました。戦後帰国し、自身の体験をもとにした『俘虜記』を発表し好評を博すると、１９５２年に戦争文学の傑作といわれる『野火』を発表。戦争体験はその後も追求され、１９６９年『ミンドロ島ふたたび』、１９７１年『レイテ戦記』を刊行しました。

『レイテ戦記』は日本を代表する戦記文学作品であり、野間文学賞に選出されましたが辞退します。その理由は選考委員の舟橋との軋轢によるものとされています。しかし、１９７４年『中原中也』で再び野間文学

舟橋聖一
1904（明治37）年12月25日～
1976（昭和51）年1月13日
埋葬場所：3区2種6側3番

大岡昇平
1909（明治42）年3月6日～
1988（昭和63）年12月25日
埋葬場所：7区2種13側22番

賞に選出された際は賞を受けました。これに対して舟橋は選評で難癖をつけています。

大岡は〝ケンカ大岡〟と呼ばれるほどの文壇有数の論争家であり、言動が物議を醸すことも少なくありませんでした。その中でも舟橋とはライバルとして、また同じ芥川賞選考委員として双方の考えをぶつけあっていました。大岡の選考の考えは「私は芥川賞に限らず、新人賞にはなるべく当選作を出すべきであるという意見で、いつもその方針で選考に当っている」と述べています。よって全体的に優れた作品がなかったとしても実績を考慮して推挙することもありました。一方、舟橋は「芥川賞は、やはり定評のない新人を、委員各自の自由な視覚から、ムキになって推挙し合うところで、はじめて活況を呈することになるのだろう」と述べており、新人の格や覇気などにも言及し厳しい選考を行い「該当者なし」も度々ありました。

そんな双方意識し合った関係にも終止符が打たれます。舟橋が体調不良で、第73回（１９７５年上半期）を最後に選考委員を辞任しました（翌年逝去）。そのことを知った大岡も、同じく第73回を最後に選考委員を辞任したのです。

プロフェッショナルとして認め合っていたからこその対立。そんな二人は同じ霊園で眠ります。

9 多磨霊園に眠る人気作家たち

吉川英治・江戸川乱歩・中島敦

吉川英治
1892（明治25）年8月11日～
1962（昭和37）年9月7日
埋葬場所：20区1種51側5番

剣豪・宮本武蔵を描いた作品は数多くありますが、現代の宮本武蔵像を創り出したのは吉川英治《よしかわえいじ》でしょう。神奈川県出身。本名は英次。家庭事情から小学校を中退し活版職工や行商など職を転々とした後、蒔絵師の家に住み込み川柳をつくり始めました。1914年、吉川雉子郎の筆名で投稿した「江の島物語」が『講談倶楽部』に3等当選。文芸の三越の川柳に1等当選。後に講談社の懸賞小説に3編投稿し入選しています。1921年、東京毎夕新聞に入社し「親鸞記」などを執筆。関東大震災で同社が解散したのを機に文筆業に専念、『面白倶楽部』に「剣魔侠菩薩」を連載。25年に雑誌『キング』に吉川英治の筆名で「剣難女難」を発表し人気を博します。26年に大阪毎日新聞に連載した「鳴門秘帖」で時代小説家として大衆文壇で地位を得ると、その後も時代もの、維新もの、伝奇性あふれる作品を世に出し、35年から朝日新聞に「宮本武蔵」の連載を開始しました。

当時の宮本武蔵像は猜疑的な印象が強く、歴史上人物でもさほど人気があったわけではありませんでしたが、吉川の描いた剣禅一如を目指す求道者・宮本武蔵のインパクトは強く、佐々木小次郎との巌流島の決闘までを描く長編は、

江戸川乱歩

1894（明治27）年10月21日～1965（昭和40）年7月28日

埋葬場所：26区1種17側6番（平井家之墓）

中島敦

1909（明治42）年5月5日～1942（昭和17）年12月4日

埋葬場所：16区2種33側11番

新聞小説史上かつてない人気を博しました。戦時中は毎日新聞特派員として従軍しながら執筆し、戦後も多くの歴史小説を連載し衰えぬ筆力を示しました。１９６０年に文化勲章を受章しています。

探偵・ミステリー小説の大御所といえば江戸川乱歩《えどがわらんぽ》です。本名は平井太郎。ロシア人作家のエドガー・アラン・ポーをもじって筆名を江戸川藍峯とし、後に江戸川乱歩としました。処女作「二銭銅貨」が『新青年』に掲載されたのを皮切りに、『D坂の殺人事件』『一寸法師』など次々に作品を発表。トリックとロジックのある探偵小説をめざし独創的な作品を世に出します。有名な明智小五郎と怪人二十面相などのキャラクターを生み出しました。戦後は創作と共に評論、研究、指導に力を入れ、探偵作家クラブ・江戸川乱歩賞を設立。雑誌『宝石』の編集など活躍しました。

国語の授業で勉強した記憶がある人も多いであろう「山月記」。作者の中島敦《なかじまあつし》は、１９３３年に東京帝国大学国文学科を卒業し、横浜の女学校の国語と英語の教師となりました。戦時中は南洋庁の官吏としてパラオへ教科書編纂係として赴任。この時に体感したことをまとめた作品として『南島譚』『環礁―ミクロネシヤ巡島記抄―』が後に誕生します。１９４２年2月、『山月記』『文字禍《もじか》』『古譚《こたん》』を発表し作家デビュー。3月に戦争激化のため帰国すると、5月に『光と風と夢』を発表し注目され、7月に官吏を辞職し、持病の喘息と闘いながら執筆活動に専念。『過去帳』『悟浄出世』など立て続けに発表するも、その年の12月に気管支喘息悪化による発作を起こし逝去。享年33歳の若さでした。遺作『李陵』など没後に幾つかの作品も発表され、どの作品も高く評価されています。

第2章

文人・政治家が眠る多磨霊園

1 「大正デモクラシー」の先導者

吉野作造 ● 浮田和民

多磨霊園は1923（大正12）年に開園しました。大正は短いですが、日本の国として大きな変革があった時代です。その象徴が「大正デモクラシー」です。デモクラシーとは「民本主義」（民主主義）のことで、「政治は国民全体の幸福を中心に考えるべきだ」として、民衆を政治の根本におく考え方のことです。当時は、枢密院や軍部が天皇のそばで政治を操作し、選挙制度は一部の高額納税者しか選挙権を与えられていない制限選挙でした。こうした特権を無くし、万人が政治家を選べるシステムにするべきと唱えた人物が吉野《よしの》作造《さくぞう》です。

吉野作造は宮城県出身。二高在学中にブゼル牧師のバイブルクラスに参加したことを機にキリスト教に入信。東京帝国大学に進み政治史を研究、後に同校教授となります。『中央公論』誌上にて政治評論や時事評論を発表。1916年1月号では民本主義を論じた「憲政の本義を説いて其の有終の美を済すの途を論ず」を発表します。一般民衆の利福を政治の目的とし、政策の決定には一般民衆の意向を反映すべきとした主張は大きな反響を呼び起こし、大正デモクラシーの代表的な論客として注目されました。

「民本主義」は、筆頭に天皇、次に内閣や議会、そして国民となるピラミッドが理想と唱え、天皇制を認めたうえで官僚たちの特権を無くし、国民の選んだ国会議員が中心となって日本の政治を行っていくという考え方です。当時の大日本帝国憲法では天皇が政治の頂点と決められていたため、国民が政治の頂点であることをあらわす「民主主義」は憲法に反する言葉となるので、国民の考えに基づいて政治が行われるべきだという主張を憲法に反することなく掲げるために「民本主義」という言葉を生み出しました。

吉野に影響を与え、民本主義につながる理論を最初に提唱したとされる人物がいます。政治学者の浮《うき》田《た》和《かず》民《たみ》です。肥後国（熊本県）出身。熊本洋学校に入りキリスト教に入信、吉野と同じように宣教師から民主主義的な考え方を学びます。１８８０年『六合雑誌』創刊に参与、評論活動をはじめ、自由民権的な議論を展開します。１８９２年より２年間アメリカに渡り、イェール大学で史学・政治学を学び、帰国後、同志社教授となり、学内紛争後は東京専門学校（早稲田大学）に移籍、教授となり以降44年間に渡り、西洋史学、政治学を講じました。

この間、雑誌『太陽』の主幹として活躍し、「内に立憲主義、外に帝国主義」という自由主義的・民主主義的主張は、吉野を始め、当時の学生や知識人に大きな影響を与えました。浮田は「政体上の民主主義は君主国家と調和する」として、民意を反映する政体の必要性を説き、選挙権拡張・比例代表制などを主張しました。また労資協調にも踏み込み、労働者・婦人に同情的な社会問題の解決も説きました。

二人の発言により民主主義的な発展の兆しが生まれ、１９２５年、男性普通選挙の実現に繋がっていきます。

吉野作造

1878（明治11）年１月29日～1933（昭和８）年３月18日

埋葬場所：８区１種13側18番

同墓には右翼活動家・政治家の赤松克麿に嫁いだ次女で社会運動家の赤松明子も眠る。隣の墓所は弟で政治家の吉野信次の墓石が建つ（８区１種13側19番）。

浮田和民

1860年１月20日（安政６年12月28日）～1946（昭和21）年10月28日

埋葬場所：４区１種25側

2 「天皇機関説」VS「天皇主権説」

美濃部達吉 ● 上杉慎吉 ● 高畠素之

民本主義が提唱されたのと同じ時期、美濃部達吉《みのべたつきち》の「天皇機関説」が注目されます。これは「君主は国家におけるひとつの、かつ最高の機関である」としたドイツのイェリネックが主唱した国家法人説に基づくものです。

美濃部が提唱した「天皇機関説」では、統治権を法人である国家が所有することを前提とし、天皇は統治権を行使する国家の最高機関であるとします。同時に、内閣や議会、総体としての国民も国家機関であるので、これらの諸機関の間には「国民→議会→内閣→天皇」という拘束関係が存在します。天皇は最高機関だが、社会情勢上、内閣の意思を無視できない。内閣は議会に対して責任を負う立場であるため、議会の意向を無視できない。そして議会は国民の意思を代表するものである。この拘束関係をより有効に機能させるためには、内閣は政党内閣となって議会に連帯して責任を負うことが求められる、という考えです。だから、普通選挙を通じて国民全体から選ばれた議員によって議会は構成されるべきとします。

美濃部達吉は兵庫県出身。漢方医の美濃部秀芳の次男として生まれます。1897年、東京帝国大学卒業。在学中に天皇機関説を主唱した一木喜徳郎に師事し、早くから民主主義の考えを持ちます。卒業後は内務省に入りますが、憲法の研究のためヨーロッパに留学。帰国後は母校の教授になります。美濃部は他国の憲法

上杉慎吉

1878（明治 11）年８月 18 日〜
1929（昭和４）年４月７日
埋葬場所：３区１種３側９番

「上杉慎吉之墓」の道を挟んだ向かいに「上杉家之墓」の本墓が建つ。上杉慎吉本人の刻みもあり、藩医であった父の上杉寛二、長男で統計学者の上杉正一郎も眠る。

美濃部達吉

1873（明治６）年５月７日〜
1948（昭和 23）年５月 23 日
埋葬場所：25 区１種 24 側１番

同墓には達吉の長男で東京都知事を務めた美濃部亮吉も眠る。

を学び、社会の民主化への要請に対応した憲法解釈を行えば、明治憲法下においても立憲民主制、議会主義制を実現できると説きました。これを１９１２年『憲法講話』に著し、「天皇機関説」として公に発表するのです。

ところが、これに真っ向から異を唱える人物が現れます。「天皇主権説」を唱えた憲法学者の上杉慎吉《うえすぎしんきち》です。

上杉慎吉は福井県出身。大聖寺藩医・適塾門下の医学者である上杉寛二の長男として生まれます。１９０３年、東京帝国大学法学部政治学科を首席で卒業。同大の助教授となり、１９０６年から3年間ドイツに留学。その時、ドイツの公法学者で、後に対立する美濃部の天皇機関説の基となる国家法人説を主唱したイェリネック本人の家に下宿して指導を受けました。帰国し、１９１２年母校の教授となります。この年に同じ大学の教授であった美濃部が発表した「天皇機関説」に対し、上杉は「国体に関する異説」を発表し、「天皇すなわち国家である」とする天皇主権説を主張。両者の論争は他にも参加者を得、天皇制絶対主義勢力とデモクラシー勢力のイデオロギー闘争となっていきました。上杉は吉野作造の民本主義も批判し、高畠素之《たかばたけもとゆき》と経綸学盟を設立して、国家社会主義運動を進めます。

高畠素之
1886（明治 19）年 1 月 4 日～
1928（昭和 3）年 12 月 23 日
埋葬場所：4 区 1 種 31 側 23 番

高畠素之は群馬県に旧前橋藩士の子として生まれます。クリスチャンとなり同志社に入るもキリスト教と決別し中退。高崎市で社会主義雑誌『東北評論』を発刊しましたが、１９０８年、新聞条例により禁固二か月の刑を受けて入獄。獄中で英訳の『資本論』に出会います。１９１１年に堺利彦の「売文社」に入り社会主義活動に身を挺し、堺と山川均らと『新社会』を発行、カウツキーの「資本論開設」を連載するなどマルクス主義を紹介します。その後、自ら大衆社を創立し国家社会主義を唱え、１９２２年、上杉と急進国家主義経綸学盟を結成するのです。この考えは軍人含め多くの人に影響を与え、軍国主義傾倒の背景となりました。なお高畠はマルクス『資本論』を日本で初めて全訳し発表しています。

民本主義・普選運動を中心に盛り上がりを見せた「大正デモクラシー」でしたが、昭和へと時代が替わり軍部が力を増す中、天皇機関説は国体に反する学説として排撃を受け（国体明徴運動）、１９３５年、天皇に対して不敬であるという理由（不敬罪）で美濃部は告発されるのです。

3

平和と教育に生涯をささげた夫婦

新渡戸稲造 ● 新渡戸萬里子

1984年から発行された5千円札の肖像は新渡戸稲造《にとべいなぞう》です。新渡戸稲造は盛岡藩士で勘定奉行を務めた新渡戸常訓（十次郎）の三男として生まれます。札幌農学校二期生卒業後、東京帝国大学に進学するも研究レベルの低さに失望し退学、「太平洋の架け橋になりたい」と米国に私費留学し、ジョンズ・ホプキンズ大学に入りました。伝統的なキリスト教信仰に懐疑的であった稲造は、キリスト教プロテスタントの一派であるキリスト友会のクエーカー派に興味を持ち、その集会に通い始め、そこで、後に妻となるマリー・パターソン・エルキントン（Mary P. Elkinton）と出会いました。

その後、札幌農学校助教授に任命され、官費でドイツへ留学。ハレ大学で農業経済学の博士号を取得。帰途、アメリカでマリーと結婚します。1891年帰国し、札幌農学校教授となりました。この時長男が誕生し、親交があった発明家のトーマス・エジソンから名前を取って「遠益」と名付けます。しかし、一週間で早死してしまい、夫婦とも体調を崩し、農学校を休職して米国カリフォルニアで療養することに。1900年この地で執筆したのが世界的な名著『武士道』です。英文で刊行しベストセラーとなりました。

翌年、農学校を辞して、後藤新平から招聘を受けて台湾総督府の技師に任命され、台湾における糖業発展に貢献します。1903年より京都帝国大学教授を兼ね、1906年より東京帝国大学教授兼任で第一高等

新渡戸稲造
1862年9月1日（文久2年8月8日）
～1933（昭和8）年10月15日

新渡戸萬里子
1857（安政4）年8月14日～
1938（昭和13）9年23日
埋葬場所：7区1種5側11番
新渡戸家の墓所沿いの角地に「新渡戸稲造像」が建つ。

学校校長に就任。東洋的文化が強かった学風に西洋色を取り入れ、学生たちに影響を与えました。その後、東京植民貿易語学校校長、拓殖大学学監、東京女子大学学長、津田塾顧問などを歴任し、女子教育に力を入れます。

　１９２０年、国際連盟設立に際して、教育者で『武士道』の著者として世界的に著名であり国際人であった稲造が、事務次長に抜擢されます。人種的差別撤廃を提案し過半数の支持を集めるも、議長を務めたアメリカのウィルソン大統領に否決され実現しませんでしたが、７年間務めた事務次長の功績は高く評価されます。

　晩年は東京女子経済専門学校（後の新渡戸文化短期大学）の初代校長に就任。軍国主義に傾く日本に対して国際平和を主張し続け戦争に反対するも、軍部やメディアから非難を買い孤立し、また反日感情を緩和するためにアメリカに渡り日本の立場を訴えるも、満州国建国と時期が重なったこともあり、アメリカの友人たちからも反発を受け失意の日々を送ることになりました。１９３３年、日本が国際連盟脱退を表明。その年の秋、太平洋問題調査会会議に日本代表団団長として出席するためにカナダに赴き、最後まで平和を訴えましたが、会議終了後帰途中、西岸ビクトリアで倒れ、帰らぬ人となりました。

　稲造の妻の萬里子《まりこ》は、アメリカのフィラデルフィア州のフレンド派の家に生まれます。結婚後、札幌で暮らしますが、長男早死で体調を壊し一時帰国するも、再び来日。萬里子は私財を投じて貧しい少年たちのために遠友夜学校を設立します。稲造亡後も日本に留まり、２代目校長に就任、学校運営に尽力しました。

4 ノーベル賞を逃した人たち（戦前編）

秦佐八郎・鈴木梅太郎・呉建

２０１９年現在、日本国籍でノーベル賞を受賞した人数は、物理学賞９人、化学賞８人、生理学・医学賞５人、文学賞２人、平和賞１人。日本出身だが外国籍取得者に物理学賞２人、文学賞１人。総計28人がノーベル賞に輝いています。ノーベル賞受賞者で多磨霊園に眠っているのは朝永振一郎（師の仁科芳雄の墓所に分骨、22区１種38側）だけです。日本人初のノーベル賞受賞者は湯川秀樹（物理学賞）で、戦後すぐの１９４９年に受賞しましたが、戦前には北里柴三郎や野口英世ら17人が、のべ42回候補者に挙げられています。

１９１１年、ノーベル化学賞で日本人初の候補者として名前が挙がったのが秦《はた》佐《さ》八郎《はちろう》です。１９１２、13年にはノーベル生理学・医学賞でも候補に挙がっています。島根県出身。大日本私立衛生会伝染病研究所に入所し、細菌学者として梅毒に対する特効薬の研究をしました。ドイツ留学時の１９１０年、６０６号物質に梅毒特効薬としての効果を発見し「サルバルサン」と命名しドイツ学会で発表。世界初の化学療法剤であり、世紀の大発見として世界から注目されましたが授与には至りませんでした。

１９１４年にノーベル生理学・医学賞、36年にノーベル化学賞候補者と

秦佐八郎
1873（明治６）年３月23日～1938（昭和13）年11月22日
埋葬場所：14区１種21側15番

呉建
1883（明治16）年10月27日〜
1940（昭和15）年6月27日
埋葬場所：21区1種25側1番
墓所には「呉建之碑」が建つ。

鈴木梅太郎
1874（明治7）年4月7日〜
1943（昭和18）年9月20日
埋葬場所：10区1種7側8番
墓所には「鈴木梅太郎先生碑」が建つ。

して名前が挙がったのが鈴木梅太郎《すずきうめたろう》です。静岡県出身。東京帝国大学教授として植物生理化学や農芸化学を研究していました。鳩やネズミに米や肉の蛋白質を種類を変えて与え発育の違いを観察していたところ、人間の脚気とよく似た症状を見出し、脚気を防ぐ有効成分がコメ糠の中にあると考え、その有効成分を濃縮し単離する実験を開始、１９１０年抽出に成功。これを「オリザニン」と名付け、更に未知の栄養素であることも突き止めました。しかし、農芸化学者であった鈴木の発見は医学界から無視され、論文は日本語のみで、後のドイツ語の翻訳でも世界初の旨が誤って記されておらず注目されませんでした。オリザニン発見から一年後、ポーランド人のカシミール・フランクが同じ研究内容の論文を発表し、「ビタミン」と命名。世界ではこちらが注目され定着。鈴木の研究は国内外で再評価されましたが時すでに遅し、受賞までは至りませんでした。

１９３１、33、35、36、37、39年と6度もノーベル生理学・医学賞の候補者として名前が挙がったのが呉建《くれけん》です。東京出身。祖父は蘭学者の呉王石、父は統計学者の呉文聡（全員同墓）という学者一家の家系です。循環器病学、神経生理学を研究し、特に脊髄副交感神経の発見は海外でも注目されるほどの権威者でした。候補者に何度もリストアップされるも選出されなかった理由を、国連大使を歴任した松平康東は、当時日本が枢軸国であったことから受賞に至らなかったと分析しています。

5 ノーベル賞を逃した人たち（戦後編）

賀川豊彦 ● 三島由紀夫 ● 水島三一郎

ノーベル賞の選考を行うスウェーデン・アカデミーは２００９年、ホームページ上で１９５０年までのノーベル賞の候補者リストを英語版にて公開しました。またノルウェーのノーベル委員会は１９５６年分までの平和賞の候補者リストを公開しました。以降、ノーベル財団のウェブサイトでは50年間の守秘義務期間が過ぎた当時の候補者たちや選考過程が開示されています。

日本人のノーベル文学賞受賞者は川端康成（１９６８年）、大江健三郎（１９９４年）、日本出身で英国籍のカズオ・イシグロ（２０１７年）の３名です。ノーベル平和賞受賞者は佐藤栄作（１９７４年）のみですが、この開示発表によって、賀川豊彦《かがわとよひこ》が１９４７、48年の２年連続でノーベル文学賞候補者として、１９５４～56年の３年連続でノーベル平和賞候補者であったことが判明しました。

賀川豊彦は神戸出身のキリスト教伝道者で、戦前戦後に多くの社会事業や平和活動を行った人物です。重度の肺結核を患い、医者から二度も死の宣告をされた経験から、「どうせ死ぬなら、自殺する勇気をもってすべてに向かって行こう」と21歳の時に決意し、神戸のスラム街に居を移し路傍伝道、貧民救済、無料巡回診療を始めました。１９１９年からは「救貧から防貧を」スローガンに活動。関東大震災を聞くと東京に転居し救済に当たりました。１９２０年に自伝小説『死線を越えて』を発表、１年間で１００万部、通算４０

水島三一郎

1899（明治 32）年 3 月 21 日～
1983（昭和 58）年 8 月 3 日
埋葬場所：11 区 1 種 24 側

同墓には次男で生化学者の水島昭二も眠る。また三一郎の妻の勅子の父は日清製粉の正田貞一郎（15 区 1 種 1 側 23 番）。貞一郎の弟の正田英三郎（鎌倉霊園）の娘が上皇后 美智子。

賀川豊彦

1888（明治 21）年 7 月 10 日～
1960（昭和 35）年 4 月 23 日
埋葬場所：3 区 1 種 24 側 15 番
（松澤教会会員墓地）、4 区 1 種 52 側（賀川家）

賀川豊彦は「松澤教会会員墓地」と「賀川家墓」の両方に分骨されている。

0万部のベストセラーとなり、スウェーデン語に翻訳され、北欧で賀川ブームが巻き起こりました。賀川はインドのガンジーと並ぶ「東洋の聖者」として、またキリスト教精神に基づく社会運動家としても世界的に著名であり、欧米で知名度の高かったことが候補者になった理由です。

ノーベル文学賞候補者としては三島由紀夫もいます。1965、67年に候補者として名前が挙がりました。語るまでもなく今なお読み継がれる傑作を世に送り出してきました。しかし、1970年に東京市ヶ谷の自衛隊東部方面総監部に乗り込み、自衛隊の決起を促したが果たせず割腹自殺。ノーベル賞は存命者に授与する賞と定められているので、もし生きていたらという多くの声が聞こえてきます。

戦後の多磨霊園に眠るノーベル賞を逃した人物をもう一人ご紹介します。1962、64年のノーベル化学賞候補者リストに明記された水島三一郎《みずしまさんいちろう》は東京出身の東京大学名誉教授。日本の構造化学の先駆者であり、分子構造論や量子化学を専門としていました。特にジクロロエタンの立体配座を研究し、トランス型とゴーシュ型が存在することを実証したことで、回転異性体というコンセプトを打ち出し、国際的にも高く評価されました。

6 勲章を辞退した人たち

熊谷守一 ● 徳富蘇峰 ● 賀屋興宣

２０１９年、プロ野球選手を引退したイチローが３度目の国民栄誉賞を「人生の幕を下ろした時に頂けるよう励みます」と返答し辞退しました。同じプロ野球選手では阪急ブレーブスで当時の盗塁世界記録を達成した福本豊は「立ちションベンもできんようになるがな」と国民栄誉賞を辞退。１９９５年に女優の杉村春子が「芝居の仕事を続けている最中であり、大きすぎる勲章を頂くと、いつも首にかかっているようで、この先、芝居を続けていくことができなくなるかもしれない」という理由で文化勲章を辞退。ノーベル文学賞を受賞した大江健三郎は「民主主義に勝る権威と価値観を認めない」と文化勲章そのものを否定して受章を拒否しました。色々な理由にて国からの勲章を固辞する人たちがいます。多磨霊園に眠る人の中にも叙勲を辞退した人がいます。

熊谷守一
1880（明治13）年４月２日～
1977（昭和52）年８月１日
埋葬場所：26区１種２側

「これ以上人が来るようになっては困る」という理由で文化勲章を辞退したのは、洋画家の熊谷守一《くまがいもりかず》です。岐阜県出身。東京美術学校を卒業し、第３回文展に出品した「ローソク」で注目を浴び、後に二科展にも出品、二紀会創立会員などで活動した洋画家。単純化・象徴化し

賀屋興宣

1889（明治22）年１月30日～
1977（昭和52）年４月28日
埋葬場所：９区１種１側８番

父は国学者の藤井稜威、母は教育者の賀屋鎌子。同墓には母方祖父の教育者の賀屋明、養子で大蔵官僚の賀屋正雄も眠る。なお、父の実弟で叔父の賀茂百樹（10区１種４側）は靖国神社宮司。

徳富蘇峰

1863年３月14日（文久３年１月25日）～
1957（昭和32）年11月２日
埋葬場所：６区１種８側13番

徳富家の墓所には蘇峰の父で漢学者の徳富一敬（淇水）、母で歌人・社会運動家の徳富久子、蘇峰の四男で考古学者の徳富武雄の墓など複数建つ。

た画風を深め〝画壇の仙人〟と称されるほどの孤高の画家でした。

１９６７年に文化勲章を先の理由で辞退し、１９７２年には勲二等の叙勲も辞退しています。１９７７年に肺炎のため97歳で亡くなりましたが、前年まで油絵の作品を描くなど生涯画家を貫いた人物でした。

１９４３年に言論界の重鎮であった徳富蘇峰《とくとみそほう》は文化勲章を受章しました。しかし、敗戦後の１９４６年にA級戦犯に指名され自宅拘禁となると、文化勲章を自ら返上。その際、同時に貴族院議員、帝国学士院会員、帝国芸術会員の辞表、勲二等の叙勲も返上し、一切の公職を辞退しました。

徳富蘇峰は肥後国（熊本県）出身。本名は徳富猪一郎。英学、歴史、経済、政治学に優れ、熊本で大江義塾を開き教師をしていました。１８８５年『第十九世紀日本ノ青年及其教育』を私刊し文壇の注目を集め、翌年『将来之日本』を経済雑誌社より刊行し好評を得たため、塾を閉鎖し上京します。

１８８７年に民友社を設立し、雑誌『国民之友』を創刊。当時の総合雑誌として政治、経済、外交その他の時事問題を論じる一方、文学作品の掲載にも力を入れ、明治期の文学者たちの発表の場ともなりました。更に、1890年『国民新聞』を発刊し、社長兼主筆として、平民主義を掲げ藩閥政治を批判し、明治中期のオピニオンリーダーとして活躍。以降も多くの雑誌を発刊し、歴史評論家としての顔も持ち、言論界の重鎮として政治にも力を有する存在となりました。1952年、公職追放解除後は、『近世日本国民史』を着稿し、100巻を完成させました。享年94歳。

もう一人、タカ派ながら敗戦責任を痛感して勲章を辞退した人物がいます。賀屋興宣《かやおきのり》です。

賀屋興宣は広島県出身。国学者である藤井稜威の次男として生まれ、母方の賀屋家の養子となります。東京帝国大学を卒業後大蔵省に入り、主計畑を歩み、主計局長、理財局長を歴任、1937年、林銑十郎内閣の大蔵次官に就任し、次の第一次近衛文麿内閣で大蔵大臣に抜擢されました。「賀屋財政経済三原則」を主張し、日中戦争戦時予算の途を開きます。東條英機内閣でも大蔵大臣を務め、日米開戦における戦時予算編成に取り組み、戦時公債を乱発、増税による軍事費中心の予算を組み、戦時体制を支えました。敗戦後、A級戦犯に指名され終身禁錮刑を宣告され服役します。

1955年戦犯解除となり、1958年自民党公認として東京都第3区から衆議院議員総選挙に立候補し初当選。これで政界に復帰し、以後5回連続当選しました。1961年自民党政調会長、1963年池田勇人内閣の法務大臣を務めます。1972年の政界引退まで自民党右派の長老、戦前戦後の政治家として活動しましたが、敗戦責任を痛感し勲章は辞退しています。享年88歳。

7　多磨霊園に眠る総理大臣　その1

大平正芳

多磨霊園には総理大臣経験者が8名眠っています。第12・14代、西園寺公望。桂太郎と交互に長期安定政権「桂園時代」（１９０１～13年）をつくったのちの元老です。二・二六事件で命を落とした高橋是清（第20代）、齋藤實（第30代）。二・二六事件で大脱出を敢行し命拾いした岡田啓介（第31代）。そして、昭和初期の難局を担った田中義一（第26代）。このほか、大平正芳、林銑十郎、平沼騏一郎がいます。

第68・69代内閣総理大臣を務め、首相在任中に逝去した大平正芳《おおひらまさよし》。答弁の際に「あー」「うー」と前置きすることから「あーうー宰相」と呼ばれ、また風貌から「鈍牛」とも呼ばれた人物です。

大平は香川県出身。海軍兵学校を志願するも身体検査で不合格となり高松高等商業学校に進学、東京商科大学を経て、１９３６年、大蔵省に入省。横浜税務署長、主計局主査、建設局公共事業課長などを歴任、大日本育英会の設立に尽力しました。51年より池田勇人大蔵大臣秘書官となります。翌年、池田の誘いを受けて大蔵省を退官し、自由党公認で衆議院議員選挙に香川２区から出馬し初当選。以後、連続当選11回。

１９６０年第一次池田勇人内閣で内閣官房長官に就任。「所得倍増計画」を打ち出した池田内閣を支え、高度成長の扉を開きました。第２次・第３次池田内閣では外務大臣。佐藤栄作内閣が発足し政調会長をつとめ、第２次佐藤内閣では通商産業大臣を務めます。71年旧池田派を受け継ぎ宏池会を継承、宏池会会長に就任して大平派を誕生させ、翌年の総裁選に出馬しましたが田中角栄に敗れます。しかし田中とは盟友関係を保ち、田中内閣で外務大臣や大蔵大臣を兼務し、日中国交正常化実現に尽力。三木内閣でも外務大臣を継続し、福田赳夫内閣では自民党幹事長に就任。そして、78年12月7日に内閣総理大臣に就任しました。

首相としては、内政として田園都市構想、外交として環太平洋連帯構想・総合安全保障構想を提唱。冷戦時代において米国の要望する政策を打ち出しますが、モスクワオリンピックのボイコットの発表、一般消費税の導入に関する発言などから支持率を下げ、また田中角栄の影響が強く「角影内閣」と揶揄されます。政権基盤も弱く、1979年の衆院選挙で自民党が過半数を割り込む惨敗を喫し、自民党内でも大平退陣要求が出るなど分裂状態となり、「四十日抗争」と呼ばれる党内抗争が発生しました。更に翌年、社会党が内閣不信任決議案を提出、自民党反主流派が公然と欠席し可決に追い込むのを見て、大平は衆議院を解散し、参議院選挙の日程も繰り上げて、初の衆参同日選挙に踏み切りました。

大平正芳
1910（明治43）年3月12日～
1980（昭和55）年6月12日
埋葬場所：19区1種1側15番
大平正芳の墓は郷里の豊浜にも分骨墓が建つ。

1980年5月30日選挙戦初日の街頭演説直後より「胸が苦しい」と訴え、虎の門病院に緊急入院。政治的激動に対する心労と過労によるもので、6月12日、心筋梗塞により選挙運動中に不帰の人となりました。享年70歳。戦後初の首相在任中の急死で、伊東正義官房長官が首相臨時代理となり、自民党内の分裂騒動からのダブル選挙が大平の死によって修復、結束され、結果は衆参両院における自民の圧勝。「死せる大平、党を蘇らす」と言われました。葬儀は内閣・自民党合同葬として行われました。大平正芳の墓石の裏面には、首相臨時代理をつとめた伊東正義官房長官の直筆で「君は永遠の今を生き　現職総理として死す　理想を求めて倦まず　たおれて後已まざりき」と刻まれています。

8　多磨霊園に眠る総理大臣　その2

林銑十郎・平沼騏一郎・宇垣一成

歴代総理の中で最も本人が望まずに就任してしまい、史上最低内閣と言われているのが、第33代総理大臣を務めた林銑十郎《はやしせんじゅうろう》です。

林銑十郎は石川県金沢市出身。陸軍軍人として日露戦争に従軍して活躍し、参謀本部員やドイツ留学、連隊長、旅団長など様々な要職を歴任します。1930年に朝鮮軍司令官に就任。1931年、関東軍の板垣征四郎大佐と石原莞爾中佐が首謀し南満州鉄道を爆破した柳条湖事件が勃発。関東軍が画策したことが後に発覚しますが、当初関東軍は中国側の破壊工作と発表し、ただちに満州地方を勢力下に収めました。これに追随する形で朝鮮軍の強硬派参謀の進言を鵜呑みにして、林は軍を率いて無断で満州に侵攻。越境将軍と呼ばれ満州事変を拡大しました。その後、1932年に陸軍大将に昇格し、教育総監、軍事参議官、齋藤・岡田両内閣で陸軍大臣を務めます。

林は根っからの軍人ですが、圧力に弱く、陸軍の思い通りに動かせる人物として、石原莞爾の働きかけで1937年2月2日に総理大臣に就任。林自身も「早く片付けて、あとは玄人（近衛文麿）に譲りたい」とこぼしていたようで、予算成立後、突然理由もなく衆議院を解散。わずか4か月で内閣を放り出し、「何もせんじゅうろう内閣」と呼ばれました。唯一あった出来事は、奇跡の人と称されたヘレン・ケラーが来日し

平沼騏一郎

1867年10月25日（慶応3年9月28日）
～1952（昭和27）8月22日
埋葬場所：10区1種1側15番

平沼騏一郎の墓所内には騏一郎の墓石の左側に平沼恭四郎の墓石が建つ。騏一郎には実子がなく、兄の平沼淑郎（よしろう）の孫娘・中川節子と夫の恭四郎が一家養子となり、その長男が小泉内閣の経済産業大臣などを務めた平沼赳夫。

林銑十郎

1876（明治9）年2月23日～
1943（昭和18）年2月4日
埋葬場所：16区1種3側5番

林銑十郎の墓所には「御沙汰（ごさた）」の墓誌碑が建つ。昭和天皇が葬儀に御沙汰書（弔辞）と御下賜金を賜ったことを記念した碑で、多磨霊園に眠る人物では田中義一と岡田啓介も賜っている。

た際、歓迎晩餐会を開いたくらいでした。なお、首相在任123日はワースト5位の記録です（ちなみに短命内閣ワースト1位は、終戦直後の戦争処理として皇族が内閣を組織した東久邇宮稔彦の54日）。

長らく司法界で活躍し、政官界に隠然たる力を持ち、将来を有望視され多くの歓迎を持って総理大臣に就任したのは、第35代平沼《ひらぬま》騏《き》一郎《いちろう》です。美作国（岡山県）出身。

平沼内閣の課題はドイツのヒトラーから提案された日独伊三国同盟の締結でしたが反対派も多く、数十回も五相会議が開かれましたが結論は出ませんでした。そんな時、1939年8月23日に独ソ不可侵条約が締結されます。日本がドイツ・イタリアと手を組むのはソ連と戦うためであり、ドイツとソ連が手を組んでしまうことは、日本がソ連と戦う意味もなくなります。日独伊三国同盟は頓挫し、親独路線から英米協調路線へ転換せざるを得ない状況となってしまいました。5日後、平沼は「欧州情勢は複雑怪奇」と発して政権を投げ出し総辞職。本人もやる気で期待を背負いスタートした内閣は7か月で終わりました。

最後に、陸軍大臣を5期も務め、政治手腕と実行力は政界や民衆からも高く支持され、自身も総理の座を狙っていましたが、最後まで首相になれなかったのが宇垣一成《うがきかずしげ》です。備前国（岡山県）出身。陸軍軍人として様々な要職を歴任したものの、尉官時代は同期よりも出世が遅く「鈍垣」とあだ名されていました。

　１９２４年清浦内閣で陸軍大臣に就任した後は、５つの内閣で陸軍大臣を留任し、軍事予算の削減「宇垣軍縮」断行を実行するなど力を発揮。閥を憎む宇垣でしたが陸軍内での人気は高く、宇垣閥が自身とは関係なくつくられていきました。１９３７年廣田内閣が総辞職し、後継首相として宇垣に大命降下される運びとなりましたが、石原莞爾らの陸軍中堅層は軍部主導で政治を行うことを目論んでおり、軍部に対して強力な抑止力となる宇垣の組閣を阻止するべく、宇垣内閣の陸軍大臣のポストに誰も就かないように工作。宇垣は陸軍大臣への就任を陸軍内部で声がけするも全員が自粛し、最悪自分自身が陸軍大臣を兼務する形で組閣しようとしましたが、１９１３年に自らが強硬反対し陸軍首脳部を突き上げた「陸海軍大臣現役制廃止」に反対したことで、陸軍大臣を兼務できない状況となり、内閣を組閣できない原因となってしまいました。結果、全く首相へのやる気がなかった林銑十郎が組閣することになります。

　宇垣が首相であれば、その後太平洋戦争は起こらなかったであろう、もし起こったとしても切り上げ時を間違わなかっただろうと多くの関係者が後に回想しています。戦後は１９５３年衆議院選挙に立候補し、15万票得れば当選圏内であるところ、51万３７６５票のトップ当選を果たし国民の人気は不動でしたが、84歳の高齢から選挙中に倒れ、何もできず議員在職のまま87歳で亡くなりました。

宇垣一成
1868年8月9日（慶應4年6月21日）～
1956（昭和31）年4月30日
埋葬場所：６区１種12側１番
宇垣家の墓所には「宇垣一成翁米寿記念」の胸像が建つ。

第3章

夢を追い続けた人が眠る多磨霊園

１　主婦を助けた台所革命

田島達策 ● 三並義忠

かつて主婦の炊事は激務でした。なかでも最も重労働だったのが「飯炊き」だったのです。電気やガスといった、今では生活に欠かせないインフラが整備される以前、主婦は朝早く起き、まずかまどに薪をくべて火を起こします。冷たい水で米を研ぎ、飯釜をかまどにかけます。「はじめチョロチョロ、中パッパ、赤子泣いても蓋とるな」。かまどでの飯炊きは、火加減や水加減を少しでも間違えれば、焦げたり生煮えになってしまいます。場数を踏み、コツをつかんだベテランの主婦でさえ、飯炊きでは常にかまどの火に気を配っていなくてはならなかったのです。この重労働が１年３６５日、毎日必ずのしかかっていました。おいしいご飯を食卓に乗せられなければ、即座に女房失格の烙印を押される――そういう時代だったのです。

その主婦の重労働を助けるために挑んだ人物、一人目が田島達策《たじまたつさく》です。現在のミツウロコグループ（三鱗煉炭原料株式会社）創業者である田島は、海から離れた山間部に魚を届ける運送業からスタートしました。昭和初期に主婦の家事仕事である重たい木炭や薪運びを軽減するために、固形燃料を届ける事業を始め、エネルギー商社となります。政治家にも転身し、家事仕事の軽減問題に取り組みました。田島は１９３８年に亡くなりますが、その意志は社員たちに引き継がれ、ミツウロコは戦後、石油やＬＰガスの取扱いを開始して現在に至ります。

三並義忠
1908（明治41）年1月8日～
1966（昭和41）年9月1日
埋葬場所：４区１種１側

田島達策
1858（安政5）年～
1938（昭和13）年2月5日
埋葬場所：２区１種２側７番

戦後復興に伴い電気やガスなどのインフラが整い、1950年代後半に新時代の生活必需品として電化製品の三種の神器、白黒テレビ・洗濯機・冷蔵庫が発売され、主婦の味方となりました。

同時期に誰もが手軽においしいご飯が炊ける電化製品が開発されます。「自動電気釜」です。炊飯器を発明したのは三並義忠《みなみよしただ》です。

三並義忠は愛媛県出身で小学生の頃から機械好き。苦学してドイツの機械商社に入り力をつけ、1934年に独立。小さな町工場で精密測定器を製作していました。戦後多くの電化製品が世に出る中、技術的に困難とされ家電メーカー各社が開発に躊躇するなかで、自動電気釜の開発と製品化を成功させました。

自動電気釜の登場は、世の主婦たちの家事負担を大きく軽減しました。具体的には、1日の睡眠時間を1時間増やし、また朝昼晩でそれぞれ1時間ずつ、計3時間もの家事負担を軽くしたといわれます。これはまさに、一つの家電製品による「台所革命」と称されました。

インフラを整えることに情熱を燃やした田島達策、日本人の主食・コメを誰もが手間をかけずに手軽においしく炊けるようにさせた三並義忠。台所革命に尽力した二人が同じ霊園に眠ります。

2 壮大な計画に挑んだ二人

若尾鴻太郎 ● 高橋政知

「富士山にハイヒールで日帰り登山」。この計画を本気で考えた人がいました。若尾財閥の御曹司、若尾鴻《わかおこう》太郎《たろう》です。若尾財閥は若尾逸平と弟の若尾幾造が横浜開港時に外国人相手に生糸の売り込み問屋で財を成し、京浜方面の銀行・企業の経営で大きな勢力を持った財閥です。多磨霊園には2代目若尾民造の二女の婿養子となった若尾璋八《しょうはち》も眠っており、璋八の長男が若尾鴻太郎です。

鴻太郎は若尾家の家紋が「三ツ引」であったことに由来して三ツ引商事株式会社を創立。更に三ツ引物産、三ツ引絹糸、三ツ引陶器、三ツ引保全を創立し社長に就任し、東京商業銀行の取締役頭取、南洋貿易にも着眼し事業展開を図りました。この時、29歳。大正時代の青年実業家として活躍しました。

１９２７年の昭和金融恐慌により若尾銀行は破綻し、若尾財閥は衰退していくことになります。戦前戦後は多くの会社の取締役を務めていた鴻太郎ですが、どうしても叶えたい夢がありました。１９５０年、その構想案を出願します。それが「富士山頂までモグラケーブルを引きケーブルカーで山頂まで行ける案」です。しかし、志半ば１９５３年に亡くなります。鴻太郎の死去により計画が

若尾鴻太郎
1894（明治29）年12月～
1953（昭和28）年4月10日
埋葬場所：11区1種10側

消えかけましたが、志を引き継ぐ人が現れました。富士急社長の堀内一雄です。安全性と環境保全に最大限配慮したトンネルケーブルの計画でしたが、富士山は国立公園であるとともに、文化財保護法による特別名勝にも指定されているため却下され、断念しています。

富士山の案は失敗した話でしたが、22年間奔走し夢を実現させた人物もいます。東京ディズニーランドの生みの親である高橋政知《たかはしまさとも》です。

政知は福島県知事や警視総監を務めた太田政弘の子として生まれ、１９４０年に富士製紙専務で資産家の高橋貞三郎の一人娘の婿養子となり高橋姓になりました。戦争時は召集令状を受け、ラバウルに送り込まれ捕虜となるも無傷で生還しています。戦後は富士石油販売の役員となり、そこで三井不動産社長の江戸英雄と知り合いました。１９６０年に朝日土地、京成電鉄、三井不動産の持ち株会社としてオリエンタルランドが設立され、江戸の誘いで翌年、専務として入社しました。この時の社員は3名でした。

高橋政知
1913（大正３）年９月４日～
2000（平成 12）年１月 31 日
埋葬場所：６区１種８側

ここから高橋の孤軍奮闘が始まります。浦安漁民との漁業権放棄に向けた補償交渉では、直接漁民の家を訪ね、一つひとつ交渉をまとめていきました。１９７８年からは自らが社長となり、ディズニー社の権利関係の厳しい要求を乗り越え契約を締結させます。ついに、１９８３年4月15日、米国以外で初のディズニーランドとなる「東京ディズニーランド」の開園にこぎつけました。

開園後も東京ディズニーリゾートの形成、第2パーク構想などに尽力。２０００年、ディズニーシーの開園を待たずして没。翌年9月4日の高橋の誕生日に世界初「海」をテーマとした東京ディズニーシー、ディズニーテーマパーク、東京ディズニーシーホテルミラコスタがそろってオープンしたのです。

3　大空に挑んだ男たち　その1

梅北兼彦●中島知久平●岸一太

18世紀後半に最初の有人飛行をしたモンゴルフィエ兄弟の熱気球から、19世紀は飛行船へと進化を遂げました。「空気より重い飛行機」の動力飛行に世界で初めて成功したのは１９０３年、ライト兄弟です。日本では１９１０年、徳川好敏陸軍大尉（後に中将、清水徳川家8代当主で男爵）が日本国内で初めて飛行機により空を飛びました。翌年、日本初の航空機専用飛行場として所沢飛行場が完成します。第1回飛行演習は徳川が務めました。すぐに第2回飛行演習が行われた際に抜擢されたパイロットが梅北兼彦《うめきたかねひこ》でした。

梅北兼彦
1872（明治5）年～
1935（昭和10）年11月25日
埋葬場所：14区1種10側
（川鍋家）

梅北兼彦は鹿児島県出身。１９０１年に海軍兵学校を卒業（29期）した軍人で、海軍航空発足前より民間飛行学校で操縦練習を続けていました。飛行に長けていたための抜擢でしたが、所沢飛行場にて最初の墜落事故を起こしてしまいます。当時海軍大尉であった梅北はグラーデ単葉機で第1格納庫付近を滑走中に発動機高回転により急上昇、高度15mより墜落。命に別状はありませんでしたが頭部を負傷します。日本で初の飛行事故を起こしてしまったパイロットとして不名誉な記録がついてしまいました。

１９１２年、大日本帝国海軍における海軍航空が発足します。山路一善

岸一太

1875（明治７）年10月28日〜1937（昭和12）年５月８日

埋葬場所：１区１種１側５番

中島知久平

1884（明治17）年１月11日〜1949（昭和24）年10月29日

埋葬場所：９区１種２側３番

中島家の墓所には知久平の子で映画プロデューサーを務め、後に政治家として竹下登内閣で文部大臣を務めた中島源太郎、源太郎の子でNHKに入り衛星放送のキャスターなどを務め、後に政治家に転身するも汚職事件で実刑となり、保釈中に自らの命を絶ってしまった中島洋次郎も眠る。

大佐（後の中将で「海軍航空の生みの親」と称される）を委員長とする海軍航空術研究委員会が設置され、梅北が任命されました。１９１６年、海軍航空隊令という官制ができ、独立航空隊設置の予算案が議会を通過します。同年、横須賀に初めて海軍航空隊が誕生し、同時に艦政本部で行っていた航空に関する事項を海軍省の事務局で行うことになりました。海軍飛行場が神奈川県の追浜に設置され、これが日本海軍航空発祥の地となります。

　当初はフランスやアメリカ製の水上機ばかりであり、軍艦がイギリス式だった関係で、海軍はイギリスから航空顧問団を招聘しました。１９２２年に世界初の空母「鳳翔」を完成させます。海軍航空の草創期の同期メンバーであった中島知久平《なかじまちくへい》は「近い将来、飛行機から魚形水雷を投下して軍艦を撃沈する時代が必ずやって来る」と、航空機の未来を高く評価。小国日本の戦略としていちはやく大艦巨砲主義を否定し、有力な武器として航空機を位置づけたため、海軍を辞して、日本初の民間飛行機製作所の中島飛行機株式会社を設立しました。

　中島知久平は群馬県出身。戦争拡大とともに軍用機生産で社業を拡張し、陸軍戦闘機〈隼〉をはじめ飛行機の３割近くを独占生産する大企業に成長させました。その後政治家に転身し、鉄道大臣、立憲政友会総裁として活動します。終戦後は商工大臣、軍需大臣として戦後処理に当たりますがA級戦犯に指定されてしまいました（後に解除）。

中島のように大空に魅了され、自身で飛行機製作所を起ち上げる者が他にも現れます。岸一太《きしかずた》もその一人です。

岸一太は岡山県出身。岡山医学専門学校を出てドイツで学び、1902年、台湾の台北医院（台湾大学医学院付設医院）における台湾初の耳鼻咽喉科の初代主任として医長となりました。その後、台湾総督府医院医長、台湾総督府医学校教授を経て南満州鉄道株式会社理事（南満州鉄道病院長）を歴任し、関東都督府技師から民政部警務課勤務となりました。1909年に辞して、東京築地に耳鼻咽喉科病院を開業した医師でした。

しかし、1915年、医者の傍ら自ら開発した発動機にモーリス・ファルマンの機体をつけた飛行機「つるぎ号」を製作します。続いて初の国産機「第二つるぎ号」を完成させました。そこで医者を辞め、1931年に赤羽航空機製作所を設立します。ところが事業拡大の失敗などで4年後に倒産、その2年後に失意のなか永眠しました。

4 大空に挑んだ男たち　その2

横山八男 ● 和田小六

１９２０年代、空軍を保有する国はイギリスのみであり、１９３０年代半ばまでにイタリア、ソビエト、フランス、ドイツが独立した空軍を持つに至ります。一方、日本は陸軍と海軍内に各々の航空隊を持つに留まっており、空軍独立が実現しない中、１９３６年に航空兵団が創設されました。同年、横山八《よこやまはち》男《お》は航空兵大尉となります。新潟県出身。陸軍士官学校を卒業（36期）し、飛行第64戦隊長や飛行第24戦隊長を歴任。ノモンハン事件にも参戦し、ニューギニアで戦死しました。最終階級は陸軍大佐。ただ、横山は戦争ではなく、国際飛行競技大会で世界から注目を集めた人物として名前を残しています。

１９２７年にアメリカのリンドバーグがニューヨーク—パリ間の3時間29分無着陸飛行に成功します。以来、世界の航空界は、直線・周回での航続距離の世界記録樹立に躍起となり飛行が盛んに行われるようになりました。日本人も果敢に挑戦していますが、横山もその一人です。１９３８年2月20日から4日間、イタリア飛行協会主催の北アフリカからイタリア領リビア周回３５００キロ国際飛行競技大会に横山と加藤敏雄の二人が日本代表として初参加しました。しかし、代表機「北阿」の輸送が間に合わず、ドイツ製飛行機のハインケル機にて出場。奮闘しましたが第三コースでプロペラに故障が生じ、惜しくもジアロ附近の砂漠に不時着棄権し結果を残せませんでした。しかし、同年4月23日、ドイツのベルリンにあるテンペルホーフ飛

横山八男
1903（明治36）年～
1943（昭和18）年8月2日
埋葬場所：19区1種14側
（柳澤家）

和田小六
1890（明治23）年8月5日～
1952（昭和27）年6月11日
埋葬場所：18区1種1側

行場を出発し、ロードス島、バスラージョドプール、カルカッタ、バンコク、台北、東京の南方コースをとって二機雁行して29日間で無事に東京に到着しました。全航程１万５３４０㎞を実飛行時間56時間18分。途中の給油や整備の時間を入れた全所要時間では１４３時間43分の飛行記録をつくりました。

同じ時期に飛行機の設計者として記録樹立に挑んだ人物がいます。航空工学者の和田小六《わだころく》です。東京出身で東京帝国大学工学部造船学科を卒業し、１９２３年、母校で教授となります。「和田翼」の名を以って知られる日本の航空工学の第一人者です。当初基礎的な研究を行う目的として設立された東京帝国大学航空研究所の所長に和田が就任すると、１９３３年末より実際に飛行機を製作する航研機計画が進められました。

設計は空気抵抗を徹底的に減らすために、操縦者は離着陸の時だけオープンコックピットから顔を出して機を操縦し、水平飛行中は座席を下げ、胴体内に入ってガラスのふたを閉めるという方式をとりました。そのため、この飛行機の水平飛行は全く前方が見えない設計でした。改良を重ね、１９３８年５月13日、木更津（千葉県）の飛行場を離陸し、木更津→銚子（千葉県）→太田（群馬県）→平塚（神奈川県）の四角コースを３日間にわたって飛行。１万１６５１㎞の周回航続距離を達成、１万㎞コース平均速度１８６・２㎞／hの国際記録を樹立しました。当時国際航空連盟が公認した世界記録には、速度、高度、周回距離、直線距離があり、航研機は２つの記録を樹立したのです。

5 大空に挑んだ男たち その3

塚越賢爾●上條勉

大空に挑み、世界中を驚かせる大記録を生んだ日本人はまだいます。航空機関士兼無線通信士の塚越賢爾《つかごしけんじ》と一等飛行機操縦士の飯沼正明とのペアです。塚越は群馬県出身。日本自動車学校航空科を卒業後、第一航空学校にて三等操縦士の免状を取得。一等航空機関士、二等操縦士、航空通信士、二等航空士の免許も併せて所持する博識多芸でした。1927年東京朝日新聞社に入社し航空部員となります。

朝日新聞社は1937年5月12日ロンドンで行われるジョージ6世の戴冠式奉祝の名のもとに、亜欧連絡飛行を計画します。博識であった38歳の塚越と、朝日新聞航空部員の若手のホープ26歳の飯沼を抜擢し、世紀の大飛行を敢行。飛行機は陸軍が開発した高速連絡機「キ15」。一般公募で飛行機の名は「神風号」と命名されました。当時フランスは、東京―パリ間の100時間内飛行に懸賞を出していました。日本とヨーロッパを結ぶ定期航空路がなかったことと、東京からヨーロッパ方面は逆風のため、世界中のパイロットが挑んでは失敗していました。

塚越・飯沼ペアは1937年4月6日午前2時12分に東京の立川飛行場を出発。台北→ハノイ→ビエンチャン→カルカッタ→カラチ→バスラ→バグダッド→アテネ→ローマ→パリを中継して、ロンドンのクロイドン空港に到着。1万5357㎞の距離を実飛行時間51時間19分23秒。途中の給油や整備の時間を入れた全

上條勉

1905（明治 38）年 7 月 20 日～
1983（昭和 58）年 5 月 7 日
埋葬場所：17 区 1 種 27 側 2 番

塚越賢爾

1900（明治 33）年 11 月 8 日～
1944（昭和 19）年 7 月 7 日
埋葬場所：21 区 2 種 34 側

所要時間は94時間17分56秒。それまでの記録は、１９２８年フランス人のコストとルブレによる１６５時間53分でしたので、当時としては驚異的な速度であり、亜欧連絡飛行で塚越と飯沼は最短時間記録を樹立しました。フランス航空省の課題もクリアし前人未到の記録として歴史に刻まれたのです。しかも二人はイギリス到着時、航空服ではなくスーツ姿で到着し、出迎えた人々を瞠目させました。この大記録は世界各国のメディアに取り上げられ、二人は国賓級の英雄として遇せられ、フランス政府はレジオンドヌール勲章を贈っています。

塚越らの大記録を影で支えた人たちもいます。その一人が「神風号」の強度計算を行い、飛行機の性能を任された航空機技術者の上條勉《かみじょうつとむ》です。

上條勉は長野県松本出身。１９２９年、米国・イリノイ大学機械工学科で熱力学、機構学、熱原動機を学び、翌年ミシガン大学航空工学科に転校。航空力学、プロペラ理論、風洞実験、機体構造学、航空機及びプロペラの設計、理論空気力学を学びます。１年で卒業して航空学士を得ました。１９３１年にはニューヨーク大学のカレッジの航空工学科に入学し、航空学会で著名であったクレーミン教授に学び、更に１９３３年マサチューセッツ工科大学大学院の航空学科に入り、理論空気力学をスミス教授から学びます。１９３４年同大学より日本人初の航空学修士の学位を得ました。帰国後は三菱重工名古屋航空機製作所機体部設計課技師となり、強度計算や性能計算、荷圧試験を担当します。鉛弾を翼の裏側に積み、規定された弾力試験、破壊試験等を行いました。

6 神奈川県庁舎「キング塔」秘話

池田宏 ● 小尾嘉郎

みなとみらいの開発が進む港町横浜は、近代建築の宝庫でもあります。関内・日本大通り地区の塔のある建物はトランプになぞらえ、神奈川県庁本庁舎が〝キング〟、横浜税関が〝クィーン〟、横浜市開港記念会館が〝ジャック〟の「横浜三塔」と言われ、古くから愛されています。

キング塔以前の神奈川県庁舎は関東大震災で焼失してしまい、その後、財政難のため平屋のバラック建でしたが、神奈川県知事であった池田宏《いけだひろし》の呼びかけで再建されることになり、1928年竣工します。

池田宏
1881（明治14）年7月～
1939（昭和14）年1月7日
埋葬場所：２区１種２側５番
（「池田宏君碑」は２区２側と６側の角に建つ）

池田宏は静岡県出身。東京帝国大学を卒業後、内務省に入省。土木局道路課長や港湾課長を務めたのち、新設された都市計画課長に就任。構成メンバーのリーダー格として道路都市計画等法制の調査立案を行い、1919年、我が国初の都市計画法を起草しました。翌年社会局初代局長に就任するも、後藤新平が東京市長になったことで、永田秀次郎、前田多聞（16区1種3側7番）らと共に東京市助役に招かれ転出。池田・永田・前田の3人の補佐役は畳の旧字体「疊」は田が3つ重なっていることから「畳屋」と呼ばれました。またこの3人に後藤と電気局長の長尾半平（6区1種5側8番）を入れ、世に「三田二平」の新市政と呼ばれ、多くの事業に尽力しました。

その後、京都府知事を経て、１９２６年より第27代神奈川県知事に就任します。当時大正天皇は体調がすこぶる悪く、葉山の御用邸で療養することとなり、神奈川県知事としての池田の初仕事は陛下の看護でした。警護所で寝泊まりしその任を務めるも、就任の年の12月25日に崩御。一年間喪に服し、１９２８年、神奈川県庁舎再建を発案します。

建設にあたっては「神奈川県庁舎懸賞設計競技」として設計を公募しました。一等賞金は五千円（当時の大卒の新入社員の年収が千五百円）、審査委員長は耐震構造学の権威・佐野利器が務めました。この公募で見事当選したのが小尾嘉郎《おびかろう》です。

小尾嘉郎

1898（明治 31）年５月 20 日～
1974（昭和 49）年 12 月８日
埋葬場所：２区２種６側

「小尾家之墓」は神奈川県庁舎が完成した５年後の昭和８年建之。神奈川県庁舎を模してデザインした墓石となっている。

神奈川県庁本庁舎（キング塔）

小尾嘉郎は山梨県出身。父が相場で失敗したため、１９１８年、自費で名古屋高等工業建築科に入学。この時の建築科長が夏目漱石の相婿（妻同士が姉妹）鈴木禎次であり、小尾は鈴木の助手となり、松坂屋など多くの設計を手伝い、腕を磨きました。卒業後は東京市電気局工務科に勤務。住宅の懸賞設計にこつこつ応募をしていた時に、神奈川県庁舎の懸賞を知り応募しました。

当選した小尾の設計図を基に神奈川県庁本庁舎は大林組にて施工されます。構造は鉄骨鉄筋コンクリート造5階建て（地下1階、塔屋付）。昭和初期に流行した帝冠様式の先駆けとなったデザインで、外壁はスクラッチタイル貼り。中央の高塔が特徴であり、「キングの塔」の愛称で現在も親しまれています。

7 芝公園「こども平和塔」と「東京タワー」

田澤鐐二 ● 内藤多仲

東京都港区芝公園。芝公園は日本で最も古い公園の一つです。1873年、太政官布達によって、上野、浅草、深川、飛鳥山と共に芝の5カ所が、日本で最初の公園として指定されました。これが全国の公園造成の先駆けとなります。1902年芝公園に運動器具が備えられ、東京の公園における運動施設の始まりという歴史も持っています。そんな芝公園の中に「こども平和塔」という塔が建っています。1954年、田澤《たざわ》鐐二《りょうじ》の発願により建設された塔です。

田澤鐐二は愛知県出身。大正時代に結核療養所初代所長や日本結核病学会会長などを務めた内科学者です。戦前戦後に猛威を振るった結核に対して、1947年、人々への平和と愛と健康を願って財団法人平和協会を設立します。1949年には財団法人平和協会駒沢病院を開設し院長に就任しました。

また息子3人を太平洋戦争で失ったことで、世界平和の理念を子供たちの心に固く刻むことを目的とした「子ども平和塔」の建設に乗り出しました。私財で建てるのは簡単でしたが、できれば子どもたちと建てたい。子どもの手による「こども平和塔」建立資金運動が、全国の小・中学校の児童会・生徒会に呼びかけられました。そして7年間かけて、全国1051の学校において、児童・生徒が古新聞等の廃品回収、お小遣いを節約して塔を建てることに応え、約100万円のお金が集まりました（現在の価格で3500万円～5

内藤多仲

1886（明治 19）年 6 月 12 日～
1970（昭和 45）年 8 月 25 日
埋葬場所：13 区 1 種 6 側
内藤家の墓所内には内藤多仲胸像と顕彰記が建つ。

こども平和塔
（芝公園）

田澤鐐二

1882（明治 15）年 6 月 29 日～
1967（昭和 42）年 8 月 21 日
埋葬場所：２区 1 種 11 側
田澤家墓所の入口には田澤鐐二の３人の息子の死を悼む碑石が建つ。

000万円）。更に共鳴した多くの会社や各種協会、社会事業団体、個人からの寄付を合わせ、総額500万円の資金が集まりました。

こうして建てられた「こども平和塔」上部には、平和の象徴であるハトが3羽あしらわれています。毎年8月15日に清掃と「こども平和まつり」が開催されています。

「こども平和塔」が建てられた4年後の1958年、その目と鼻の先に、芝公園を見下ろすように「東京タワー」が完成しました。東京タワーを設計したのは内藤《ないとう》多仲《たちゅう》です。

内藤多仲は山梨県中巨摩郡出身。東京帝国大学で耐震構造を研究し、1913年より早稲田大学教授となり建築構造学者として活躍します。内藤が携わった耐震壁付き鉄骨鉄筋コンクリート造の日本興業銀行本店や歌舞伎座が関東大震災でほとんど被害を受けず、理論の有効性が確かめられたことにより、「耐震構造の父」と称されました。戦後は名古屋テレビ塔、2代目通天閣、別府タワー、さっぽろテレビ塔、博多ポートタワーなど多数の鉄骨構造の電波塔や観光塔の設計を手掛け、「塔博士」とも呼ばれます。その代表作が「東京タワー」（正式名称は日本電波塔）です。

塔の規模や大きさは違いますが、両者の心が宿る二つの塔が芝の地に建っています。

8 日本ビリヤード界の先駆者

山田浩二 ● 松山金嶺

日本におけるビリヤードの歴史は江戸時代末期、長崎出島にオランダ人がポケットビリヤードを持ち込んだことに始まります。明治に入り、東京で初めてのビリヤード場が精養軒にできました。1877年、国産のビリヤード・テーブルが初めて製作され普及していきます。1913年、アメリカでボークライン選手権大会が開催されるにあたり、山田浩二《やまだこうじ》が招待されました。ボークラインとは穴の空いていない台を使用し、手球（プレーヤーが撞く球）一つと的球二つを用いる三つ球競技のことです。山田はニューヨークで開催された世界ボークライン選手権に出場し、7年間無敗だったウィリアム・ホッペ（アメリカ）や、ジャン・ブルノー（オーストリア）を破り、3位になる偉業を成し遂げたのです。

山田浩二は東京出身。ビリヤードにのめり込み、22歳の時にドイツに渡り修行したツワモノです。日本での活躍が遠いアメリカでも噂となり招聘されました。山田は帰国後、東京の丸ビルに撞球場を開設し、ボークラインの普及、後進の指導にあたりました。1934年には著書『最新撞球術』も出しています。1941年、初代撞球名人位を贈られた同年に急逝。享年54歳でした。

ボークラインで世界に名を轟かせたのが山田浩二であるなら、スリークッションを広めたパイオニアとされ、「日本スリークッションの父」と称されたのが松山金嶺《まつやまきんれい》です。スリークッションとは、穴の空いていな

松山金嶺
1897（明治30）年5月17日～
1953（昭和28）年12月20日
埋葬場所：6区1種17側5番
墓所内に墓誌の裏面は略碑となっている。

山田浩二
1887（明治20）年1月29日～
1941（昭和16）年9月16日
埋葬場所：19区1種6側

い台を用い三つ球を使用、二つ目の的球に手球が当たるまでに、手球を3回以上クッション（壁）に当てるのが基本ルールとされる競技のことです。

松山は京都府出身。本名は松山為俊。幼少期に父を亡くし、東京の伯父のもとに預けられたことがきっかけでビリヤードと出会います。16歳でプロ・ビリヤード界に入り、19歳の若さで単身渡米。その際、日本名の発音は難しいであろうと考え、アメリカ国民に馴染みが深いマッキンレーの韻を踏んで名前を松山金嶺としました。

渡米生活の困苦に耐え、着々と力をつけ名手となります。１９２４年、全米ジュニア選手権を制し、１９２６年の世界撞球技選手権で二位の金字塔を打ち立てました。１９３４年の全米スリークッション選手権の連覇を狙うウェルカー・カクランを破って優勝。在米18年間で全米ならず全世界に撞球技名人とし名を馳せ、１９３８年に凱旋帰国します。

帰国後はボークラインが一般的であった日本国内でスリークッションを広め、全日本スリークッション選手権の実現に尽力。また大会でも、第1回大会から4連覇を達成し、刊行した著書『松山金嶺の撞球』はバイブルとされ親しまれました。戦後も二回にわたり、アメリカビリヤーズコングレスの招致を受けて世界選手権大会に参加。１９５３年に再び世界第二位にランクし、日本人として全世界にグレート松山の名を轟かせました。しかし同年、東京・下北沢の「松山ビリヤード・クラブ」経営中に狭心症のため急逝。享年56歳。

9 幻の野球場と日本初プロ専門野球場

星野錫 ● 押川清

ボールパーク構想と地域密着で人気を博し、チケット購入も難しくなってきた昨今のプロ野球。実は昭和初期にもスタジアム建設に力を入れていた人たちがいます。

１９３２年、アメリカの職業野球を模して本格的な、12万人収容可能の職業野球専門野球場を造ろうと計画し、「株式曾赴東京臨海野球場」の設立趣意書を発表。創立委員長に就任したのが星野錫《ほしのしゃく》です。

星野は播磨（兵庫県）出身。幼名は錫一郎。１８７３年、景締社で印刷工となり、１８８７年アメリカに留学。アートタイプ（コロタイプ）という感光液を版材に塗布する写真版印刷を日本人で初めて修得し帰国、王子製紙に入ります。画報社を設立し雑誌『美術画報』『美術新報』を発行。また写真入り新聞の創刊に協力し、印刷の新分野を開拓。１８９６年独立し、東京印刷株式会社を設立。週休制の導入や女性事務員の採用など実業界全体に影響を与えました。１９１２年衆議院議員に当選。東京商業会議所副会頭・東京事業組合連合会長をはじめ、多くの取締役を務めました。そして晩年、東京市芝区芝浦埋立地、芝浦海岸と品川駅寄り貨物積込所の中間に位置したところに球場をと、壮大な計画がもたらされます。

星野錫
1854年（安政元年12月26日）～1938（昭和13）年11月10日
埋葬場所：６区１種９側７番

押川清
1881（明治14）年1月1日～
1944（昭和19）年3月18日
埋葬場所：17区1種45側

完成時の後楽園球場は内野2階建てスタンドを持つ野球場として注目を浴びた。両翼は85m。中堅は114m。服部時計店がタイマーを提供。なお後楽園イーグルスは、黒鷲軍、大和軍と名称を変え、1944年に戦争のためチームは消滅した。

当時の野球は「する」が主流で、高校野球、大学野球が人気でしたが選手たちのその先がありませんでした。アメリカのように、日本にも職業野球を根付かせる。野球に可能性を見出した人物たちが動き出します。

「東京臨海野球場」の構想は野球の一般化と、野球を法人という自由な立場の下に普及させ、野球を通して国民思想養成と体育奨励に貢献することを目的としました。また市井のファンを獲得することで、ラジオ放送を通して広く宣伝をして商業化していく。そんな設立趣意書を作成し株式の募集を行い、投資家を募りました。当社専属の職業野球チームをつくることで、グランド貸による試合を２７０試合と想定し、その収入及びホテル経営収入などは相当の見込み有りで、チケット収入など莫大と謳っています。更に他の営利面では、野球場のスタンド下を貸倉庫として海陸両方面の貨物を収容でき6千坪分収入があること、スタンド下2、3階の２００４坪分を貸アパートに利用する設計にし、二重の利益を得ることなども書かれています。しかし、残念なことに壮大過ぎた計画はとん挫してしまいます。

この計画がとん挫してから2年後の１９３４年、ベーブ・ルース率いるアメリカ大リーグ選抜野球チームが来日し、日本縦断で試合を行い大盛況。職業野球の機運が高まり、１９３６年日本のプロ野球（職業野球）が本格的に始まりました。ところが、六大学野球リーグの反発で神宮球場が使用できなくなり、東京都内にプロ野球公式戦を行える場所がありません。同年7月1日の東京におけるプロチーム同士の初試合である東京巨人軍対名古屋軍の試合は、早稲田大学の戸塚球場を借りて挙行。急きょ、杉並区に上井草球場、深川区（江東区）に洲崎球場が造られましたが、上井草は3万人という収容人員に比して交通の便が悪く、洲崎は東京湾の埋立地に造られ海抜わずか40～60センチのため、満潮時にたびたび球場が浸水し試合中止になる問題を抱えていました。そこで、東京の都心に職業野球専用の新球場を建設しようと立ち上がったのが、押川清《おしかわきよし》です。

押川は宮城県出身。キリスト教牧師の押川方義の次男で、兄は冒険作家の押川春浪です。東京専門学校（後の早稲田大学）に進学し、野球部主将。強打の二塁手・左翼手で、初の渡米遠征にも参加。1920年、日本初のプロ野球チームといってよい「日本運動協会（通称・芝浦協会）」の創設メンバーに加わり、東京・芝浦に独自の球場を作って球場経営も行いましたが、関東大震災で芝浦球場が「震災復興基地」として差し押さえられたため、やむを得ず解散した経緯がありました。

職業野球に対する思いは強く、かねてからフランチャイズ制を提唱していたこともあり、東京の都心に職業野球専用の新球場を建設しようと計画します。読売新聞社の正力松太郎や阪急電鉄の小林一三らの出資を仰いで、「株式会社後楽園スタヂアム」を設立。小石川・後楽園の東京砲兵工廠の工場跡地で空き地になっていた国有地を払い下げで取得し、内野2階建てスタンドを持つ野球場を建設。1937年9月に後楽園球場が誕生しました。同じ年に「後楽園野球倶楽部・イーグルス」を創設、その球団社長に就任しました。押川は、1959年「野球殿堂」が設けられた第1回目の表彰の際に、正力松太郎や沢村栄治らと共に野球殿堂入りしています。

10 多磨霊園に眠る発明家 その1 ソニーの源

井深大 ● 植村泰二

多磨霊園には発明家も多く眠ります。

ソニー創業者の井深大《いぶかまさる》は栃木県出身。早稲田大学在学中に「光るネオン」を発明し、パリ博覧会で優秀発明賞を受賞します。卒業後、写真化学研究所の子会社ピー・シー・エル映画製作所に入り、日本光音工業株式会社への移籍を経て、1940年、日本測定器株式会社を立ち上げます。軍需電子機器の開発を行った縁で、戦時中の熱線誘導兵器開発中に盛田昭夫と知り合いました。戦後、1946年に盛田らを誘い東京通信工業株式会社（ソニー）を設立。資本金19万円は井深の義父の前田多門（16区1種3側7番）と前田家と親交があった作家の野村胡堂（13区1種1側3番）が出資し、前田が名誉職の初代社長、井深は専務、盛田が常務となり創業。ソニーは当初、真空管電圧計の製造・販売から始めましたが、1950年に日本初のテープレコーダー、1955年に日本初のトランジスタラジオを発表。新製品の開発と海外市場の開拓に力を注ぎ、世界的な電機・音響製品メーカーとなりました。

井深にも駆け出しの時代があります。井深を支え、育てた理解者が植村泰二《うえむらやすじ》です。

植村泰二は北海道出身。父は札幌麦酒・大日本麦酒経営者の植村澄三郎（8区1種13側）で、兄は経団連会長を務めた植村甲午郎（8区1種13側）です。

植村泰二
1896（明治29）年～
1971（昭和46）年5月9日
埋葬場所：11区1種13側

井深大
1908（明治41）年4月11日～
1997（平成9）年12月19日
埋葬場所：17区1種8側7番
墓所には「自由闊達　井深大」と刻む墓誌碑が建ち、裏面は「墓碑銘」と刻み井深大の略歴が刻まれる。

植村は北海道大学卒業後、オリエンタル写真工業に写真乳剤の研究者として入社。1929年、増谷鱗と共同で、現像とトーキーの光学録音の機材の研究と実際の撮影現場での録音の請負を目的として、写真化学研究所を設立し社長に就任しました。当時の日本の映画界は活動写真と言われ、「活弁」と呼ばれた弁士が映画館にいて無声映画のストーリーの説明をしたり、出演者のセリフを肉声でしゃべったりしているサイレント映画の全盛時代でした。しかし、これからの時代は、画面に応じて音や声が聞こえる「トーキー」製作の時代が来ると録音技術の発展向上を目指しました。1933年から劇映画の自社製作を開始し、国産フィルムによる初の映画にも挑戦していきます。更に録音・現像を写真化学研究所が行い、製作・配給を子会社として分離しピー・シー・エル映画製作所を立ち上げました。このピー・シー・エルの35ミリ部門が東宝映画の前身となり、16ミリ部門が光学録音機械メーカー「日本光音工業」となります。植村は日本光音工業の社長も兼務しました。

この頃、植村が社長を務める写真科学研究所に井深が就職活動に来ます。審査官の話を聞いた植村は、井深のケルセルの研究を高く評価し、その場で採用しました。しかし、井深の第一志望は東京電機（東芝）でした。ところが、東京電機が世界恐慌の影響もあり井深を不採用とします。それを知った植村は「責任を持たせて何でもやらせるから早くこい」と催促し、井深も「自分の才能を思う存分活かして活躍できるなら、それの方がいい」と思い入社を決意したといいます。

１９３３年より井深は子会社のピー・シー・エルの社員となります。植村との約束では月給は60円で、これは東京帝国大学卒業者並みの高給待遇でした。しかし初任給は50円しか入っておらず植村にクレームを言うも一蹴され、結果で見返そうと仕事に専念。翌月は約束通りの60円となり、毎月5円ずつアップし、この年の暮れには90円になりました。一人前の技術者として新人ながら技術会議への出席が許されるまでに出世。技術者としてもっと専念したいと思った井深は植村に掛け合い、日本光音工業へ移籍します。更に、日本光音工業の出資で日本測定器株式会社を立ち上げ、植村が社長、井深は常務に就任しました。

１９３７年写真化学研究所とその子会社のピー・シー・エル、京都市太秦にあった大沢商会の映画スタジオのゼーオー・スタヂオ、阪急の小林一三が設立した東宝映画配給の４社が合併し、東宝映画を設立。植村が初代社長に就任しました。１９４３年に東京宝塚劇場を合併させ、現在の東宝株式会社となります。

戦時中の劇場は風船爆弾の工場となり、戦後は進駐軍専用の劇場にさせられたことで、独自の活動ができず、井深は東京通信工業株式会社（ソニー）を設立していくことになります。また植村は増谷と再度、同名の「写真化学研究所」を共同で設立しました。

１９７０年、植村が亡くなる1年前に、井深は写真化学研究所をソニー傘下に入れ、社名を「ソニーＰＣＬ株式会社」と変更し現在に至ります。

11 多磨霊園に眠る発明家 その2 島一族と鉄道

島安次郎 ● 島秀雄

三代に渡り鉄道の発展に尽力したのが島一族です。鉄道技術者で車輌の神様と称された島安次郎《しまやすじろう》は和歌山県出身。薬種問屋の次男として生まれ、親の意向で医学の道を志すも途中で進路を変更し、東京帝国大学工学部機械工学科に入ります。1894年卒業し、関西鉄道に入社。草創期の鉄道界に技術者として高性能機関車「早風」を投入するなど、機関車の改良、等級別車輌の導入、ピンチ式ガス燈の導入、夜間車内証明の導入など旅客サービス改善に尽力。その技術力と先見の明には国も注目し、1907年汽車課長の時に鉄道院（国鉄の前身）工作局（逓信省）への異動を任ぜられ、鉄道院鉄道作業局工作課長となります。そこで技術幹部として蒸気機関車の開発や鉄道の国有化に携わり、のち技監に昇格しました。ドイツに2度留学し、最新の鉄道事業を見聞調査。帰国後は、機関車の改良・国産化、国有鉄道の機関車の形式統一、自動連結器の導入、空気ブレーキの導入などを実現。局長となり9600形機関車などの設計・製作にあたりました。

国鉄の広軌改築計画の策定に関与し、広軌改築派の理論的・技術的中心人物として活動しましたが、当時の政界は利権重視の地方ローカル線延伸を優先し、安次郎が主張した幹線の改軌による輸送力向上という「改主建従」主張は受け入れられませんでした。1918年、原敬内閣で「狭軌ニテ可ナリ」という国会議決が可決され、署名捺印を拒否して辞職します。辞職後は母校の講師に。この時、在学生としてその講義を

島安次郎
1870（明治3）年8月7日～
1946（昭和21）年2月17日

島秀雄
1901（明治34）年5月20日～
1998（平成10）年3月18日
埋葬場所：15区1種2側15番

受け後を継ぐ決意を示したのが、息子の島秀雄《しまひでお》です。

秀雄は父の赴任先の大阪で生まれ、父と同じ東京帝国大学工学部機械工学科を卒業。父の影響を受けて、1925年、鉄道省に入ります。C53型蒸気機関車を始めとして、D51（デゴイチ）、C62（シロクニ）など多くの機関車を設計。1936年から世界主要都市をまわり鉄道視察を行います。同じ頃、父の安次郎は南満州鉄道株式会社（満鉄）筆頭理事・社長代理となります。1925年に汽車製造会社（汽車会社）社長に就任し「あじあ号」の設計に関与。1939年鉄道大臣の諮問機関として「鉄道幹線調査会」が発足すると特別委員長に選任されます。この委員会で「弾丸列車」の俗称で有名になる新幹線構想が発表されました。1941年、計画は実施に移されますが戦争のため中止となり、1946年に安次郎は弾丸列車実現を見ずして亡くなりました。戦後、弾丸列車構想は新幹線開発と名前を変え、父の意志を継ぎ実現させたのが息子の秀雄です。

秀雄は世界鉄道視察により、鉄道の限界を見て電車の研究に入っていました。明治以来日本は狭い線路幅を導入し、狭軌でも最高の性能を求め技術を磨きました。これが世界標準軌（広軌）に舞台を移せば、日本は欧米以上のことをやれる技術風土があるのだと確信。戦後は工作局長として湘南電車、ビジネス特急「こだま」などをプロデュース。1951年運輸総局車輌局長の時に桜木町駅事故が起こり、技術の本質よりも責任のなすり合いに終始するのを見て国鉄を辞職。新扶桑金属工業（住友金属）に入るも、1955年十河信二国鉄総裁から「政治とカネはオレが引き受けるから」と懇願され、副総裁格の理事技師長で国鉄に復職。ついに父が果たせなかった新幹線計画推進の指揮をとる立場となりました。

「敗戦国がそんな高速列車とは」と反対論もある中、「東海道線の貨物輸送のために線路をあけるには、旅客列車を別の新線にする必要がある」と、当初より確信していた世界標準軌（広軌）を導入。踏切を全廃し、信号系を車内に移す。機関車が客車を引く欧米方式を辞め、すべての車輪をモーターで駆動する。振動その他の基本的問題も研究し克服。こうした新幹線の基本的となった技術は、東京から大阪間の日帰り運転を実現する「こだま型電車」を誕生させました。そして、1964年10月1日、東京オリンピック開催の9日前に東海道新幹線が開通します。ところが開通式に秀雄は招かれませんでした。新幹線建設費超過の責任をとるかたちで十河国鉄総裁の辞任と連動し身を引いたからです。

新幹線や秀雄の才は日本より欧米で評価され、「シンカンセン」は国際語にまでなります。秀雄はその後、宇宙開発事業団の初代理事長に就任。現在の日本の人工衛星が植物名であるのは、秀雄の園芸趣味からきているといいます。1994年に文化勲章を受章。

なお、秀雄の息子の島隆は東海道新幹線「ひかり0系」開発に携わり、東北上越新幹線の車両設計責任者、新幹線輸出第一弾の台湾高速鉄道の顧問を務め、祖父・父が築いた安全神話を守り、新幹線テクノロジーの輸出を果たしました。

12　多磨霊園に眠る発明家　その3

田坂定孝・木村栄・林實

多磨霊園には様々な分野での発明・発見を通じ、世界を驚かせた人たちが眠っています。

まずは内科医学者の田坂定孝《たさかさだたか》です。東京帝国大学を卒業後、新潟大学医学部第一内科教授、千葉医科大学教授を経て、母校の東京大学医学部教授として研究活動を行いました。

１９５５年頃から田坂を中心とするグループが自律神経に関する研究を初め、脊髄に特殊な微弱電気刺激を与えると脳卒中の後遺症が劇的に改善することを発見。６ヶ月以内の運動マヒはほぼ全例に効果が現れ、言語障害や精神症状、小児麻痺でさえも改善し、病状によっては40～70％の確率で効果が出、脳卒中後遺症で半身不随の患者が回復したことにより、マスコミで「奇跡の療法」と紹介され話題となりました。これに伴い、１９５８年に保険医療として全国の国立大学病院で導入されます。ところが治療機器が高額であったこと、患者数と治療器の数が見合わず治療時間が充分に取れないこと、診療報酬が安く病院経営の困難につながるなどの要因で、この療法はしだいに行われなくなり、70年代に入ると治療法は全国から消滅。幻の治療法となってしまいます。

田坂定孝
1902（明治35）年～
1990（平成2）年7月22日
埋葬場所：20区2種37側

田坂は自律神経の研究と並行して日本人の平均体温値に関する研究も行

い発表。10歳から50歳代の健康とみなされる男女3千人を対象に、午前、午後、四季を通じてデータを集め、様々な検証実験を行った結果、健康な時の体温の平均値は36・89℃±０・34℃としました。水銀体温計の37℃を示す数字が赤いのは、この研究から平均的な発熱の基準とされたからです。

田坂は胃カメラの発展と内視鏡医療の基礎を開拓した人でもあります。１８９８年にドイツ人医師が胃カメラ開発を試みましたが実用化は不可能でした。１９４９年に東大分院の医師からオリンパス光学工業に胃カメラ開発の依頼が持ち込まれたのをきっかけに開発が始まり、苦難を乗り越え、１９５０年、細いチューブの先に小型カメラをつけて胃内に入れ、体外から操作して胃粘膜像を安全に直接撮影する「胃カメラ」（内視鏡）が日本で発明されました。その後も改良が重ねられ、１９５９年に田坂が日本胃カメラ学会（日本消化器内視鏡学会）を発足させ、胃カメラの発展と普及につとめました。

木村栄
1870（明治３）年10月４日～
1943（昭和18）年９月26日
埋葬場所：23区１種22側７番

天文学会で世界を驚かせた発見をし、「Z項」、別名「木村項」として名を遺した天文学者は木村栄《きむらひさし》です。石川県出身。旧姓は篠木《ささき》。同郷の木村民衛の養子となります。１８９２年東京帝国大学理科大学星学科を卒業。震災予防調査会の嘱託で北海道の地磁気測定に従事。その後、東京天文台の緯度変化を観測。１８９９年から１９４１年まで岩手県水沢に創立された水沢緯度観測所（国立天文台水沢ＶＬＢＩ観測所）の初代所長となります。１９０２年に従来知られていた緯度変化の２つの変動成分X、Yのほかに、１年周期の第３成分Zを発見しました。この「Z項」発見は世界的な大偉業と称えられます（Z項の効果：Z項を無視すると、各局の緯度の残差は経度に依存した年周変化をする。Z項を取り入れると、年周変化は見られず残差全体が小さくなる）。その後、国際天文学連合（ＩＡＵ）と国司測地学地球物理学連合（ＩＵＧＧ）の緯度変化委員長。１９２２年から１９３６年まで水沢に万国緯度観測（国際緯度観測事業：ＩＬＳ）中央局が置かれ局長に就任。１９３７年文化勲章を受章。没後、１９７０年に国際天文学連合により人工衛星で見つかった月面裏側のクレータのひとつを「キムラ（Kimura）」と命名されました。

林實
1919（大正８）年７月16日～
1983（昭和58）年８月30日
埋葬場所：７区１種１側

最後に発明発見ではありませんが、未来学者の林實《はやしまこと》を紹介します。東京出身。父は陸軍中将の林桂（同墓）。東京帝国大学文学部に入り、学徒動員され繰り上げ卒業。陸軍航空少尉として特攻隊員でしたが終戦を迎えます。戦後は内務省の事務官として働くも、解体後は経済安定局建設局に異動。総理庁事務官や内閣総理大臣官房審議室などを歴任しました。この間、１９６０年に中曽根康弘が科学技術庁長官の時に、原子力・医学・宇宙などの各分野の第一人者を集め未来予想をしました。林自身も細かく分析、数字も入れて具体的に予想し独自で未来学を研究します。これらをまとめ科学技術庁監修として『21世紀への階段』を刊行しベストセラーとなりました。

予想した１３５項目のうち、21世紀の現在、４割にあたる54項目が実現しています。例えば、携帯電話、高周波調理器（電子レンジ）、音声タイプライター、海水の真水化、人工授精、精子バンク、女性がＧパンを着用する時代、栄養学を重要視する時代など。

林は経済企画庁の観光行政の任にありましたが、その後も未来予想図・予測を統計的数字や細かい分析を元に発表し、多くのメディアに取り上げられ、コメンテーターとしての出演依頼や原稿執筆の仕事が殺到しました。手塚治虫も林邸に出入りしていたといいます。

13 激しく対立した地震学のパイオニア二人

大森房吉・今村明恒

日本列島は海と陸の4枚のプレートの境界に位置しているため、日本中どこでも地震に見舞われます。日本の歴史は地震とともに歩んできたといっても過言ではありません。世界中で起きた地震の10分の1は日本で起きています。地震大国日本であるからこそ、地震の研究も盛んに行われてきました。

日本の地震学研究を世界に知らしめた二人の人物がいます。東京帝国大学地震学研究室教授の大森房吉《おおもりふさきち》と、同大学助教授の今村明恒《いまむらあきつね》です。

大森房吉は福井県出身。明治時代に震災予防調査会を主宰して地震学界を牽引したパイオニアです。日本代表として国際会議にも出席し、多くの地震の調査報告や論文を発表しました。地震学上の業績として、大森式地震計・微動計の考案、地震帯の発見、初期微動と震源距離との関係（大森公式）、余震頻度の式、潮位・津波の研究、建築物の振動測定（耐震試験）などがあげられます。これらの業績は世界的にも認められました。

大森よりも二歳年下の今村明恒は鹿児島県出身。王道の研究・発表を行う大森とは異なり、1899年、当時としては異端説とされた「津波の原因は海底の地殻変動とする」説を提唱。関東エリアが巨大地震に見舞われる考えは大森と一致していましたが、今村は1905年の段階でそれは近い将来に起こる可能性が高

今村明恒

1870（明治３）年６月14日〜
1948（昭和23）年１月１日
埋葬場所：12区１種５側

大森房吉

1868（明治元）年10月30日〜
1923（大正12）年11月８日
埋葬場所：３区１種24側１番
没後、谷中天王寺に葬られたが、翌年、開園間もない多磨墓地に改葬された。

いという記事を投稿するなど活発に警告していました。１９１１年には今村式強震計を開発し、より一層、声高く地震対策を訴えました。

大森は今村の発言や行動が世情を必要以上に動揺させることにつながると思い、それを恐れ、今村の説を退けていたため、両者は対立することになります（地震予知説論争）。多くの人たちは大森を支持したため、今村は「ホラ吹きの今村」と中傷されました。そんな時、１９２３年９月１日、関東大震災が起こります。

大森は出張先のシドニーで関東大震災の悲報を知り、急ぎ帰国する船中で脳腫瘍のために倒れ、帰国後悪化して翌月に亡くなってしまいます。亡くなる直前に対立していた今村と和解し、今後の地震研究を託したエピソードがあります。今村は大森の後を継いで地震学講座教授となり、日本地震学会会長として統計学的研究による磁気測定、地震計の考案、地震波の位相の伝播速度測定など、地震学の発展に多くの業績を残しました。

同志でありながら対立もし、最終的には地震学のバトンリレー。その二人が同じ多磨霊園に静かに眠っています。

第4章

多磨霊園に眠るアスリートとオリンピック

1 野球界の元祖に挑んだ二人

ヴィクトル・スタルヒン ● 内村祐之

2018年、大谷翔平選手がアメリカメジャーリーグで二刀流の大活躍をしました。その84年前の1934年、メジャーリーグで二刀流として活躍していたベーブ・ルース率いる大リーグ選抜チームが来日し、日米野球を行いました。この時、日本選抜チームのメンバーに日本人ではない人物が選抜されています。その人物は投手として大リーグ打者を三者凡退にきってとってデビュー戦を飾りました。その人こそ、日本プロ野球で初の300勝投手となったヴィクトル・スタルヒンです。

スタルヒンはロシア出身で、ロシア革命のあおりを受けて幼い頃に一家で日本に亡命してきました。北海道旭川で過ごし、旧制旭川中学校在学時に日本選抜に抜擢され、活躍が認められた後は、1936年から巨人軍に入団しエースとして活躍。戦争中は敵性外国人として抑留され苦しい時期を過ごしましたが、戦後もプロ野球選手として復帰し活躍。1955年に引退しましたが、2年後に車での不慮の事故で40歳の若さで亡くなりました。

ヴィクトル・スタルヒン
1916（大正5）年5月1日～1957（昭和32）年1月12日
埋葬場所：外人墓地区1種2側

スタルヒンの正墓所は、秋田県雄物川町今宿の崇念寺。このお寺は妻である高橋久仁恵の弟の高橋大我が住職を務める寺である。多磨霊園にはスタルヒンの父親であるコンスタンチンと母親エレキドアの墓所があり、そこにスタルヒンの骨も分骨されて眠る。

スタルヒンが亡くなった7年後の１９６４年、日本人初のメジャーリーガーが誕生します。南海ホークスからサンフランシスコ・ジャイアンツに野球留学で渡米していた村上雅則です。シーズン終了間際にメジャー昇格して活躍。帰国する予定でしたが当時の南海ホークスは日本一になるほど戦力が整っていたことから村上を放置していたため、村上は翌年のメジャー契約を結んでしまいました。それを知った南海が留学の際の契約を反故にして村上を帰還させるよう主張したことで、村上の保有権を巡り両球団間で紛糾が勃発してしまいました。これを収めたのが、日本野球機構コミッショナーを務めていた内村祐之《うちむらゆうし》です。結果、南海を妥協させる形で交渉が成立し、村上は１９６５年シーズンをメジャーでプレーすることができました。

内村祐之の父はキリスト教の代表的指導者、内村鑑三です。内村自身も学生時代は左腕投手として活躍し、精神医学者として松沢病院長を務める傍ら、東京帝国大学野球部部長や六大学野球連盟理事長を歴任し、また戦後の日本プロ野球界発展に尽力しました。内村は貧打のチームであっても守備を活かし守りで勝つ野球『ドジャースの戦法』を日本に紹介した人物でもあり、この本は川上哲治率いるＶ９に繋がる栄光の巨人軍のバイブルとなりました。代表作の訳書『ドジャースの戦法』や『タイ・カップ自伝』などは、次女の桂子（新木）が下訳したものを妻の美代が読みやすい日本語に書き改め、最後に内村祐之が目を通して誤りを改めるという「内村家の翻訳工場」の形式を使用していたといいます。

異国の地で野球選手として活躍したスタルヒン。異国の地で活躍する選手をサポートした内村祐之。スタルヒンは１９６０年に、内村は１９８３年に野球殿堂入りを果たしています。

内村祐之
1897（明治30）年11月12日～
1980（昭和55）年9月17日
埋葬場所：８区１種16側29番

2 バスケットボール史上のレジェンド

石川源三郎・大森兵蔵・冨田毅郎

２０１６年ジャパン・プロフェッショナル・バスケットボールリーグ（通称Bリーグ）がスタート。２０１９年に八村塁選手が日本人初のＮＢＡドラフト一巡目でワシントン・ウィザーズから指名を受け、10月23日シーズン開幕戦でスターターとしてデビューし活躍。学生の部活動の人気も常に上位です。

バスケットボールは、冬の時期でも室内でアメリカンフットボールのような激しさがあり盛り上がるスポーツができないものかと、カナダ人のジェームズ・ネイスミスが一人で考案した競技です。１８９２年１月20日、アメリカ・マサチューセッツ州スプリングフィールドにある国際ＹＭＣＡトレーニングスクールにて史上初のバスケットボールゲームが行われました。この世界最初の試合のメンバー18人の中に日本人がいました。当時ＹＭＣＡの学生であった石川源三郎《いしかわげんざぶろう》です。

石川は群馬県出身で、１８８６年に渡米し神学校などで学び、１９０１年に帰国して三井物産で商社マンとして働きます。その後、国際無線電話社代表やＮＨＫ理事会のメンバーなどに名を連ねる実業家として活躍しました。

石川源三郎
1866（慶応２）年７月27日～
1956（昭和31）年12月７日
埋葬場所：14区１種７側

冨田毅郎

1904（明治37）年～
1985（昭和60）年12月6日
埋葬場所：９区１種２側17番

墓石は「富田」だが、ご遺族様より戸籍は「冨田」とのこと。「冨」は俗字で、慎ましく謙虚にという意味で国の文書やお墓は「富」が使われる。

大森兵蔵

1876（明治９）年３月14日～
1913（大正２）年１月13日
埋葬場所：20区１種10側（松田家）

大森兵蔵の本墓は雑司が谷霊園にあり、多磨霊園の松田家には分骨されている。同墓には政治家の松田竹千代も眠る。

実はバスケットボールを日本に初めて紹介したのは石川源三郎ではなく、ＹＭＣＡ体育教授を務めていた大森兵蔵《おおもりひょうぞう》が、帰国後、１９０８年、東京ＹＭＣＡで初めて紹介したのが最初と言われています。その際、バレーボールも日本に紹介しました。

大森は岡山県出身。１９１２年に日本が初めて参加したスウェーデンの第５回ストックホルムオリンピックに日本選手団の監督として参加し、近代スポーツの先駆者と称されています。しかし、その大会の帰途、アメリカで肺結核のため36歳の若さで亡くなりました。

その後、１９２４年全日本学生籠球連合が発足し、大学を中心に全国各地で対抗戦が行われるようになりました。その中心人物にいたのが冨田毅郎《とみたぎろう》です。東京出身で政治家・冨田幸次郎（同墓）の子。学生の頃からまだ知名度が低かったバスケットボールのチームをつくり、早稲田大学時代にバスケットボールを正式に体育会に承認させ、卒業後も監督として普及活動に携わりました。１９２７年、冨田が資金調達を行い米国遠征を成功させます。本場のバスケットボールに触れ、そこで学んだ技術を日本に持ち帰り、更なる普及に尽力。１９３０年に大日本籠球協会を創設し理事長に就任。戦後再発足させ、日本バスケットボール協会初代会長になります。規則書発行に着手し、バラバラで行われていたルールを正規のアメリカンルールに統一させました。

3　悲劇のサッカー選手とサポーターの元祖

高橋豊二・池原謙一郎

サッカー日本代表は１９９８年フランス大会から６大会連続でワールドカップ出場を決めており、最近ではワールドカップに出場することが当たり前になっていますが、それ以前は一度も出場したことがありませんでした。Ｊリーグが誕生しプロ化したのは１９９３年ですが、日本サッカー協会・ＪＦＡの前身の大日本蹴球協會が発足したのは１９２１年であり、ＦＩＦＡに加盟したのは１９２９年です。１９３０年に行われた第１回ワールドカップ開催にあたり、ＦＩＦＡから参加要請があったにもかかわらず、昭和金融恐慌の不況期であった日本は出場を断っている歴史があります。

サッカー日本代表は長い歴史の中で、１９６８年メキシコ五輪で銅メダルの獲得はあったものの、その前後は近年まで低迷をしていました。そんな中で特筆すべき快挙があります。１９３６年ベルリン五輪の１回戦で優勝候補であったスウェーデンを相手に戦い、前半奪われた２点のビハインドを後半に逆転して勝利を収めた試合です。これは「ベルリンの奇跡」と言われています。この日本代表メンバーの一員だったのが高橋豊二《たかはしとよじ》です。

高橋豊二
1913（大正２）年～
1940（昭和15）年３月５日
埋葬場所：９区１種１側
祖父の高橋是清の単独墓は別置に建つが、ここの代々の高橋家墓所の墓誌にも是清の名前が刻まれる。

池原謙一郎
1928（昭和３）年７月６日～
2002（平成14）年３月16日
埋葬場所：19区１種７側
墓石がサッカーボール、墓誌がユニフォームとサッカーボールが組み合わさったデザイン。石柱には「日本サッカー元祖サポーター」「『ニッポン！ チャチャチャ！』発案1968年」などが刻まれる。

高橋豊二は総理大臣も務めた高橋是清の孫です。そんなところから愛称は「マゴ」でした。当時の日本代表メンバーは早稲田大学ア式蹴球部主体の選抜チームであり、16名のメンバー中10名が早稲田選手でした。そんな中、東京帝国大学のフォワードで活躍していた高橋が選出されました。試合での出場機会には恵まれませんでしたが、将来を期待されての抜擢でした。しかし帰国後、日本は戦争に突入し、高橋は大学卒業後に海軍航空学校の予備航空学生となります。そして１９４０年訓練中に殉職。26歳の若さでした。

ベルリン五輪で強豪スウェーデンを撃破してから26年後の１９６２年、日本代表がスウェーデン代表チームを招聘して試合を行っています。この試合から「静かなスタンドに活気を与え、日本チームを応援しよう」と音頭を取り仲間を募った人物が池原謙一郎《いけばらけんいちろう》です。

池原はサッカーのサポーター組織「日本サッカー狂会」を設立し、国立競技場バックスタンド中央の19番ゲート付近を観戦・応援場所の聖地とし、自作の横幕を掲げ、男子はもとより女子や少年の応援にも駆けつけたサッカー熱愛者。「ニッポン！　チャチャチャ！」の応援スタイルを発案したことでも有名です。

池原の本業は環境造景作家であり、東京オリンピック記念代々木公園基本構想や大阪万博政府出展日本庭園実施設計などに携わり、筑波大学名誉教授でもあります。元々サッカー選手であったこともあり、休みの日は「日本もサッカークラブだ」と大書した横幕を持参し応援していました。２００２年日韓ワールドカップを楽しみにしていたその年に逝去。仲間たちは遺影を持って埼玉スタジアムで日本代表戦を応援したことが新聞ニュースでも紹介されました。

4 東京オリンピックを招致した二人の都知事

安井誠一郎・東龍太郎

２０２０年は東京オリンピック・パラリンピックが開催されます。１９６４年以来、56年ぶりとなります。更にさかのぼること１９４０年、実はこの時も東京オリンピックを開催する予定でした。しかし、戦争の影響で開催権を返上せざるを得ず断念しています。64年のオリンピックは、敗戦で壊滅的な打撃を受けた日本が戦後の急速な復活を遂げ、再び国際社会の中心に復帰するシンボル的な意味を持つと、招致活動が始まりました。この時の東京都知事が安井誠一郎《やすいせいいちろう》です。

安井誠一郎は岡山県出身。内務官僚として各県警察部長や東京市電気局長など様々な要職を歴任し、戦後すぐの１９４６年７月23日に第６代東京都長官に起用されました。しかしこれは官選であり、１９４７年４月14日に行われた東京都制改正で公選となった東京都長官の選挙に立候補し当選します。同年５月３日の地方自治法施行により、安井は初代の東京都知事となりました。以後、１９５９年まで３期12年務めます。

安井は、焦土と化した首都東京において、敗戦後の想像を絶する苦難の中で戦後復興や都民の食料確保に力を振るい、高度成長期のさきがけをつくりました。そのひとつが東京オリンピック招致活動でした。連合国軍による占領を脱した２年後の１９５４年、１９６０年夏季大会開催地に立候補します。これはＩＯＣ総会における投票でローマに敗れましたが、すぐに次の１９６４年夏季大会開催地に立候補しました。

東龍太郎

1893（明治26）年1月16日～
1983（昭和58）年5月26日
埋葬場所：16区1種13側17番

安井誠一郎

1891（明治24）年3月11日～
1962（昭和37）年1月19日
埋葬場所：2区1種2側37番

安井家墓所のすぐ右側に、安井誠一郎像が建つ。台座に「忍」という自筆が刻まれる。

都知事任期満了により退任後は名誉都民に推され、1960年東京1区から自由民主党公認で衆議院議員に立候補し当選します。任期中の1962年、東京オリンピックがあと2年に迫るところ、開催を待たずして逝去しました。

安井のバトンを受け継いだのが、1959年4月27日から東京都知事となった東龍《あずまりゅう》太《た》郎《ろう》です。就任して約1ヶ月後の5月26日に、西ドイツのミュンヘンにて開催されたIOC総会において、1964年のオリンピック夏季大会開催地が東京に正式決定しました。東京は総数58票のうち34票という圧倒的支持を獲得し、アジアで初めて聖火を迎えることになったのです。

東龍太郎は大阪府出身。学生時代はボート競技選手として活躍し、また体育生理学を専攻。後に母校である東京帝国大学医学部教授となり、日本におけるスポーツ医学研究の草分け的存在として活躍しました。1947年から日本体育協会会長、兼務してオリンピック委員会委員長、1950年からは国際オリンピック委員会（IOC）委員に就任し、東京オリンピックの招致活動に深く関わりました。安井都知事退任後の跡を継ぎ、都知事選に立候補して当選。2期8年間務めます。副知事の鈴木俊一（後に都知事）との二人三脚において、東京オリンピック開催・成功に尽力しました。

5　メダルなき勝者たち　その1

安藤馨●服部金太郎

1964年の東京オリンピックでは、日本の技術力をオリンピックという舞台で発揮した人もいます。まずは日本のコンピュータのパイオニアと称された安藤馨《あんどうかおる》です。東京出身。父は英文学者の安藤勝一郎、母はヴァイオリニストとして女性初の文化功労者に選出された安藤幸。1932年に渡米し、インディアナ州立大学ビジネススクールに留学、計量経済学を学びました。その際に参加した学会で、カウルス経済研究所が保有するパンチカードシステム「IBM405」が展示されているのを見て興味を持ちます。パンチカードシステム（PCS）とはタビュレーティングマシンとも呼ばれる会計などの作表を補助する機械群のことです。コンピュータが普及するまでデータ処理に広く使われました。

1937年帰国し、日本IBMの前身の日本ワットソン統計会計機械に入社。営業責任者となりPCSのセールスを担当。後に統計研究所も設立します。戦後、アメリカ留学の人脈を活用しGHQの顧問となり、PCSを活用しつつ戦略爆撃調査や社会統計、経済統計、社会分析のシミュレーションなどを手がけました。日本IBMの発足に伴

安藤馨
1914（大正3）年5月11日～
1997（平成9）年11月20日
埋葬場所：16区1種3側（河本家）
墓石は「河本家墓」。安藤馨の妻の文子の実家が河本家であり、安藤家が継承。

い復帰し、日本における汎用計算機ビジネスを確立。そして、1960年代は東京オリンピックのオンラインシステム開発チームを統括しプログラマーの養成などに努めました。大会時には、IBM1410計算機とオンラインシステムを駆使した集計システムの開発と運用に注力。これは計算機を使ってオリンピックの記録を集計した最初の試みとなり成功を収めました。オリンピック後は、1966年IBMから富士通に移籍。日本のコンピュータ産業の育成、情報化への貢献に尽力しました。

1964年東京オリンピックの公式計時を担当した会社はセイコー（精工舎）です。そのセイコーの創業者が服部金太郎《はっとりきんたろう》です。服部金太郎は東京出身。12歳で洋品雑貨問屋に丁稚奉公。奉公先のすぐ近くに時計屋があり強い印象を受けます。時計は販売だけでなく修繕からも利益を得られることから、修理技術を学び、1877年「服部時計修繕所」を開業。1881年21歳の時に「服部時計店」を創立。質流れで出た古時計を買い、それを修繕して売る商売方法で繁盛します。ところが2年後、貰い火を受けて店が全焼。貯金で銀座に新店舗を出します。当時の時計は輸入に頼っていましたが、時計製造にも乗り出しました。また工場敷地内に寄宿舎を設立し、熟練工が数名の生徒に秘術を現場で修得させる養成部もつくります。1930年、服部金太郎は古希を記念して私財300万円（現在の30億円に相当）を投じ、学術奨励を目的とする財団法人服部報公会を創立します。「急ぐな、休むな」。服部金太郎がつくった土台を息子たちが継承し、時間を刻む時計技術は、オリンピックの記録を証明する機械へと進化しました。この時の社長は3代目の服部正次です。

服部金太郎
1860（万延元）年10月9日～
1934（昭和9）年3月1日
埋葬場所：6区1種1側10番
服部家の墓所には、金太郎の両親、金太郎の長男で2代目社長の服部玄三、玄三の長男で4代目社長の服部謙太郎が眠る。6区1種13側と9側のバス通りに面した角地に「服部金太郎翁碑」が建つ。

6　メダルなき勝者たち　その2

丹羽保次郎・村野四郎

１９６４年の東京オリンピック以前、戦前のテレビもない時代のオリンピックを、国民はどのように知り、盛り上がっていたのでしょうか？　当時の日本の情報元はラジオか新聞、映像ニュースは映画館での視聴でした。スポーツの醍醐味はリアルタイムですが、新聞や映画では時間差がでてしまいます。

１９３６年にドイツで開催されたベルリンオリンピックで女子水泳２００メートル平泳ぎ決勝に日本の前畑秀子が出場した際、ラジオ実況のＮＨＫアナウンサー河西三省が「前畑がんばれ」を24回繰り返した実況は有名です。結果、前畑は日本人女性初の金メダリストとなりました。音で聴いて想像する――当時の異国の地でのスポーツの楽しみはここまででした。できることなら、より早くリアルを追求したい。それに挑み写真電送技術を発明したのが丹羽保次郎《にわやすじろう》です。

丹羽は三重県出身。東京帝国大学を卒業し、逓信省電気試験所に入ります。当時の日本の電気技術は欧米からの技術導入が中心で、日本独自の研究開発の必要性を感じていました。文字伝達はモールス信号が主流だった時代、現地の様子はわかりません。そこで、写真の電送研究に取り組み、ＮＥ方式（有線写真電送装置）を発明します。この我が国初の写真電送装置は現在の

丹羽保次郎
1893（明治26）年4月1日～
1975（昭和50）年2月28日
埋葬場所：10区1種2側

ファックスの基になるもので、取り扱いが簡単であるばかりでなく、完全に写真が再生できるものでした。１９２８年には昭和天皇即位式典をこの方式で京都から東京に電送することに成功しています。

有線電送のみならず無線写真電送の研究も始め、１９２９年に東京―伊東間で、日本初の長距離無線写真電送の実験を成功させました。そして改良を重ね、１９３６年のベルリンオリンピックを迎えます。この装置をベルリンに送り、ベルリン―東京間８千㎞の無線写真電送に成功。リアルタイムに現地の写真を見ることができる画期的な技術は、金メダル以上の驚きをもたらしました。この丹羽の方式は、現在世界で使われている写真電送の基本となっています。

　ベルリンオリンピックで撮影された写真を活用し、スポーツを題材とした詩に組み合わせた斬新さと新鮮な感覚で注目を浴びた詩人が、村野四郎《むらのしろう》です。

　村野は東京出身。高校生から詩作を始め、慶應義塾大学在学中、新しい詩的思考による知的作風を樹立しました。卒業後は理研コンツェルンに勤務。ドイツ近代詩の影響を受け、感傷を表さない客観的な美をつくり出します。１９２６年処女詩集『罠』を刊行。その後も多くの詩誌に、20世紀西欧文学に学びつつ実験的作品を発表。モダニズムの代表的詩人として知られました。そして、ベルリンオリンピック翌年に発表したのが、スポーツの写真と詩を組み合わせた『體操詩集』（體操＝体操）です。詩が添えられたスポーツ選手の競技写真集は、当時としては画期的でした。

　その他、国語の教科書に掲載されている「鹿」は代表作の一つ。卒業式の定番曲として知られる「巣立ちの歌」の作詞や、アウグスト・ハインリヒ・ホフマンの詩を日本語詩にした曲「ぶんぶんぶん　はちがとぶ～」の歌は有名です。

村野四郎
1901（明治34）年10月7日～
1975（昭和50）年3月2日
埋葬場所：８区１種14側

7 オリンピック選手を支えた人たち

松平康隆・小泉信三・橋本祐子

1964年東京オリンピックで日本の女子バレーボールはソ連との優勝決定戦を制して金メダルに輝きました。この時の視聴率は66・8%というスポーツ中継歴代最高記録を叩きだし、選手たちは「東洋の魔女」と呼ばれ人気を博しました。女子チームばかりが注目されましたが、男子バレーボールはどうだったのでしょうか? 実は銅メダルに輝いています。この男子日本代表チームのコーチで、後に日本バレーボール界の父と称されたのが松平康隆《まつだいらやすたか》です。

松平康隆は東京荏原出身。松平家は旧加賀藩士の家老で、幕末期に小松城代を務めた松平大弐家の血を引く家系です。1947年慶應義塾大学に入学し、バレーボール部主将として全日本バレーボール選手権で優勝。卒業後に日本鋼管(NKK)に入り、1954年全日本入り、1961年に選手を引退し、男子日本代表コーチに就任。東京オリンピックでは諸外国との体力差を跳ね返し、金メダルを得たソ連を破る金星を上げ、銅メダルに輝いたにもかかわらず、大会終了後の女子が招待された祝賀パーティーに男子は呼ばれませんでした。松平の「負けてたまるか」の精神はこの時の悔しさがベースとなります。

翌年、全日本の監督に就任。「8ヵ年計画」を掲げ世界一を目指します。選手一人ひとりの役割を明確にし、俊敏性を養わせフライングレシーブや速攻コンビネーションなどを完成させ、「松平サーカス」と呼ば

松平康隆
1930（昭和5）年1月22日～
2011（平成23）年12月31日
埋葬場所：２区１種９側

小泉信三
1888（明治21）年5月4日～
1966（昭和41）年5月11日
埋葬場所：３区１種17側３番

れ各国から恐れられました。１９６８年メキシコオリンピックで銀メダル、そしてついに計画通り、１９７２年ミュンヘンオリンピックで金メダル獲得に導きました。監督勇退後はアジアバレーボール連盟会長や日本バレーボール協会会長などを務め、１９９８年にはアメリカ人以外で初めてバレーボール殿堂入りを果たします。

更にバレーボール界の総合ディレクターとしても手腕を発揮します。観客をテレビに映る側に集め見栄えを良くすることでスポンサー獲得を目指し、他にも選手のテレビ番組出演や雑誌モデルでの露出、アニメ制作の企画や監修、ジャニーズと提携し女性ファンの観客動員増加、Vリーグ発足など、アイデアマンとして活躍しました。

「練習ハ不可能ヲ可能ニス」の名言を生み出したのは、経済学者で慶應義塾長を務めていた小泉信三《こいずみしんぞう》です。東京・芝出身。父の小泉信吉（同墓）も慶應義塾長を務めました。6歳の時に父を亡くし、福沢諭吉の邸内に一時住んでいたこともあります。慶應義塾普通部2年の時に庭球（テニス）部に入り、大学時代は主将として活躍。１９１０年に卒業し、同校教員となります。イギリス留学中にウィンブルドン選手権を観戦し、著書『庭球術』を日本に送り、後輩たちに硬式テニスを推奨しました。帰国後、教授となると同時に庭球部部長に就任。庭球部から日本初のオリンピックメダリスト熊谷一弥、デビスカップに出場した山岸二郎、原田武一を輩出しました。１９３３年塾長

橋本祐子
1909（明治 42）年〜
1995（平成７）年 10 月６日
埋葬場所：12 区 1 種 14 側

に就任。野球愛好者でもあり、戦時中、野球に対する弾圧が厳しくなる中、野球擁護の先頭に立ち、１９４３年10月16日学徒出陣壮行〝最後の早慶戦〟を決行、実現させました。戦後も学生野球協会の審査室委員として発展に尽力。１９７６年に特別表彰という形で野球殿堂入りを果たしています。なお、戦後は東宮御学問参与を務め、明仁親王（当時の皇太子、平成天皇、現在の上皇）の教育にあたり、初の民間から皇室に入った美智子妃との実質的な仲人ともいわれています。１９５９年に文化勲章受章。

「できるかできないかではない。したいかしたくないかである」。日本赤十字社で青少年の教育に並々ならぬ手腕を発揮したのは、橋本祐子《はしもとさちこ》です。

１９６４年に東京パラリンピックで自主運営の通訳ボランティアである語学奉仕団を結成し、14か国語を話す学生２００人が結集。大会では22か国の車いす選手計３７５人を無償で介助しました。大会前に語学の勉強を重ねたほか、病院を訪ね障がいに関する研修も行う徹底ぶりでした。この大会だけでなく、青少年の障がい者技能を競い合うアビリンピックなどでも奉仕団を組織します。また「ボランティア」という概念が薄かった時代にこれを定着させた人物として有名となりました。１９７０年に汎太平洋青少年赤十字セミナーを日本で開催するなど多方面に活躍し、１９７２年アジア初、女性として世界で初めて国際赤十字最高の栄誉である「アンリ・デュナン・メダル」を受章しました。１９７４年アンリー・デュナン教育研究所を設立し、生涯を青少年育成に尽力しました。

「奉仕は、人生の家賃」――人は人に支えられて生きている。関わったすべての人に恩返すことはできない分、自分が住んでいる社会に還元するのだ。これがボランティアの本質といいます。

第5章

多磨霊園に眠る芸能人たち

1　多磨霊園に眠る二人の黄門様

東野英治郎 ● 西村晃

「人生楽ありゃ苦もあるさ」の主題歌でお馴染みのテレビドラマ「水戸黄門」。水戸黄門こと水戸光圀ご一行が旅をしながら悪者をこらしめ、毎回佳境で三つ葉葵の紋所が描かれた印籠を見せて「控え居ろう！　この紋所が目に入らぬか」と正体を明かす定番の筋書きのドラマでした。

しかし、実際の水戸光圀は旅をしておらず、幕末頃から講談師が江戸時代に書かれた伝記や滑稽話を『水戸黄門漫遊記』として創作したのが始まりです。明治・大正・昭和と映画やドラマが繰り返しつくられ、ＴＢＳのナショナル劇場から、水戸黄門の定番ストーリーが確立されて長寿番組となりました。

この初代黄門様に抜擢されたのが東野英治郎《とうのえいじろう》です。東野は１９３１年、新築地劇団に加わり、本庄克二の芸名で多くの演劇や映画に出演しました。生涯出演した舞台は１７０本以上、映画は３３０本以上といわれ、日本で最も出演回数が多い俳優と言われています。黒澤明、小津安二郎、木下恵介など大物監督の常連俳優としても知られました。初代水戸黄門として、１９６９年8月4日～１９８３年4月11日まで３８１話に出演。一件落着のあとの豪快な笑いは、ドラマのエンディングのトレードマークになっていました。ちなみに長男は同じく俳優の東野英心（同墓）で、「あばれはっちゃく」シリーズの父親役で有名です。

２代目黄門様に抜擢されたのは西村晃《にしむらこう》です。父親は生物学者の西村真琴（同墓）で、真琴はマリモ研究者、

西村晃
1923（大正 12）年１月 25 日～
1997（平成９）年４月 15 日
埋葬場所：12 区２種 37 側 23 番
墓石には自筆で「西村晃　則子　坊やと坊や眠る」と刻む。同墓には父親で生物学者の西村真琴も眠る。

東野英治郎
1907（明治 40）年９月 17 日～
1994（平成６）年９月８日
埋葬場所：26 区１種 34 側３番
東野家の墓石は長男で俳優の東野英心が建之したことが墓石裏面に刻まれ、英心も同墓に眠る。

東洋初ロボット「學天則」制作者、保育事業の先覚者として知られます。

西村晃は日本大学専門部芸術科に進み演劇活動をしていましたが、学徒動員で兵役にとられ特攻隊員として終戦を迎えます。戦後すぐ東京芸術劇場研究所に第一期研究生として入所しました。１９４７年東京青年劇場の創立に参加。１９５１年新協劇団の準劇団員となり、１９５９年に日活と契約を結んで「ビルマの竪琴」など多くの名作に出演しました。２代目水戸黄門として、１９８３年10月31日～１９９２年11月９日、２８３話に出演。素朴な初代と違いスマートな「ご老公」で、家庭の人気が定着しました。

三代目は佐野浅夫、以降、石坂浩二、里見浩太朗と続いて、２０１７年より武田鉄矢が扮し六代目。今なお人気を誇る長寿ドラマ「水戸黄門」。初代と２代目の二人の黄門様が多磨霊園に眠る奇遇に驚きます。

2 声優界の元祖　ルパン三世とムーミン

山田康雄●岸田今日子

近年、なりたい職業ランキング上位に躍り出た「声優」。声優養成の専門学校も活気に沸いています。アニメが我々の身近な存在になると、「声」にも愛着がわくようになるものです。

人気長寿アニメ「クレヨンしんちゃん」で主人公・野原しんのすけの声を務める声優の矢島晶子が2018年6月29日放送回を最後に降板することが発表され、多くの人々に衝撃を与えました。アニメが続く中でのメイン声優の交代は、別れを惜しむ声と共に、必ず「このキャラクターの声は○○さんの声でないと認めたくない」という新キャストへの強い拒絶反応が生じます。「ドラえもん」のように声自体も一新する方法もある中で、野原しんのすけの声の後任声優の小林由美子は元祖の声に忠実に合わせることを選びました。この元祖の声に忠実に合わせた先駆けが、「ルパン三世」です。

1987年に公開された映画『ルパン三世　風魔一族の陰謀』では、初めて主要声優陣を総入替えしています。長寿アニメで初めて声優を変えての試みでしたが、結果は言わずもがな。次回作から従来の主要声優陣へと戻しています。「ふ～じこちゃ～ん」「ルパ～ンさ～んせ～」というルパンの代名詞とも言える名台詞を軽快に発し、主人公・ルパン三世の声を定着させた声優は山田康雄《やまだやすお》です。

山田康雄は1971年のテレビ初公開からルパン三世の声を担当し、亡くなる1995年までの24年間担

岸田今日子
1930（昭和５）年４月29日～
2006（平成18）年12月17日
埋葬場所：18区１種10側１番
墓所内には何も刻まれていない大きな寝石。墓所を囲っているブロック塀に墓誌がはめ込まれている。

山田康雄
1932（昭和７）年９月10日～
1995（平成７）年３月19日
埋葬場所：21区１種14側19番

当しました。ルパン三世以外のアニメキャラの他、テレビ西部劇「ローハイド」のアテレコ、クリント・イーストウッド、ジャン＝ポール・ベルモンドの日本語吹き替えも担当。脳出血により62歳で逝去した後は、山田の声真似を得意としていた栗田貫一が引き継いで現在に至っています。

昭和を代表するアニメのひとつに「ムーミン」があります。現在もそのキャラクターは大人気。アニメは１９６９年からはじまり、１９７２年の二作目、１９７９年と主人公のムーミン・トロールの声を岸田今日子が担当しました。

岸田今日子の父は劇作家の岸田國士、母は翻訳家の岸田秋子、姉は童話作家の岸田衿子です（全員同墓に眠る）。女優として映画や舞台で活躍した役者で、声の仕事もアニメよりはナレーションを多く担当していました。なぜムーミンの声優を引き受けたのか、それは娘に自分の仕事を理解してもらうためだったと語っています。

ムーミンのアニメは１９９０年にリバイバルされますが、その際、声優陣を総入替えしています。期間が空いたことと、視聴者層が変わったためスムーズに入れ替えができました。

声で命を吹き込む仕事、声優。声優界の元祖二人も多磨霊園に眠っています。

3 喜劇界の元祖

川田晴久・堺駿二・小国英雄・山本嘉次郎

東京・浅草の浅草寺境内奥山に「喜劇人の碑《いしぶみ》」が建っています。浅草を代表する喜劇人を偲び1982年に建立されたもので、13名の元祖喜劇人の名前が刻まれました（その後追加されている）。その中に多磨霊園に眠る川田晴久と堺駿二がいます。

川田晴久《かわだはるひさ》は東京・根津出身。本名は岡村郁二郎。音楽好きで独学でハーモニカやヴァイオリンに親しむ少年時代を過ごし、1930年川田義雄の芸名で浅草音羽座にて歌とハーモニカでデビュー。浪曲の虎造節をジャズにアレンジした「川田節」で売り出しました。様々な一座を転々とし、37年吉本興業で坊屋三郎らと「あきれたぼういず」を結成。ギター片手の歌謡漫談で一世を風靡します。人気絶頂期、新興キネマ演劇部が破格の条件を提示し引き抜きにあい、川田以外の3人のメンバーが移籍したため事実上解散。川田は新たにメンバーを集め、39年「ミルク・ブラザーズ」を結成しました。この時にレコード化された「地球の上に朝が来る」は川田のテーマソングとなります。映画にも多数出演しました。

1942年幼少の頃に患った脊椎カリエスが再発し長期離脱。更に戦争も重なります。戦後は、「ダイナ・ブラザーズ」を結成し舞台に復帰。翌年より川田晴久に改名。この時、横浜国際劇場に出演した際に少女・美空ひばりと出会います。川田はひばりを可愛がり、指導するなど多くの影響を与えました。また、ひ

堺駿二

1913（大正２）年12月10日〜
1968（昭和43）年８月10日
埋葬場所：３区１種29側（栗原家）

墓石は「先祖代々之墓」、台石に「栗原」。墓誌には本名の栗原正至のみで堺駿二の刻みはない。

川田晴久

1907（明治40）年３月15日〜
1957（昭和32）年６月21日
埋葬場所：10区１種13側８番

ばりとも多くの作品で共演。設立したばかりの民法ラジオ局の番組や地方巡業を積極的に行い、戦前を上回る人気絶頂となりました。しかし、１９５６年映画の撮影中に腎炎が悪化し倒れ、翌年50歳で逝去。

堺駿二《さかいしゅんじ》は東京・本所出身。本名は栗原正至。長兄は浪曲師の初代港家小柳丸（同墓、栗原留吉）。妻の千代子（同墓）は三浦たま子の名で松竹少女歌劇団員。３男1女を儲け、末の子が歌手・タレントの堺正章です。芝居好きの母の勧めで、11歳の時に伊村義雄一座に入り子役として活躍。１９３２年アメリカで活躍していた早川雪洲の舞台を見て衝撃を受け弟子入りし、「堺駿二」の芸名を貰います。35年雪洲が海外撮影のため日本不在となったのを機に浅草オペラ館のヤパンモカル劇団に入り、清水金一とコンビを組み浅草の軽演劇およびトーキー初期を彩るミュージカル・コメディのスターとして人気を博しました。42年に吉本興業の傘下に入り、東京吉本の浅草花月劇場で新生喜劇座を結成。43年より、水の江瀧子の劇団たんぽぽに参加。翌年に赤紙が届き出征するも戦地に行くことなく横須賀海兵団で終戦を迎えました。

戦後、46年に松竹大船撮影所に入社。短編映画『破られた手風琴』で主演。52年からフリーとなり、コミカルな名バイプレイヤーとして、２５０本以上の映画に出演し活躍しました。68年新宿コマ劇場の舞台出演中に脳溢血で逝去。享年54歳。

山本嘉次郎

1902（明治 35）3 月 15 日～
1974（昭和 49）年 9 月 21 日
埋葬場所：：21 区 2 種 19 側
同墓に眠る妻の山本千枝子は社会党区議会議員として活動。

小国英雄

1904（明治 37）年 7 月 9 日～
1996（平成 8）年 2 月 5 日
埋葬場所：22 区 1 種 135 側
墓石の書は師匠の武者小路実篤。

喜劇人を支える裏方としてシナリオ作家は必須です。戦前多くの喜劇台本を書いたのは小国英雄《おぐにひでお》。青森県八戸市出身。武者小路実篤の小説が好きで文学に目覚め、上京し弟子になります。実篤の紹介で、１９２９年日活太秦撮影所に入社。処女作は『モダンマダム行状記』。それ以後は注文が多く入るようになり、特にエノケンシリーズなど喜劇のシナリオを多く書きました。一時期、本城英太郎の名で原作・脚本を手がけていました。39年からは東宝映画でも喜劇を手がけ、戦後、黒澤明監督から新作『生きる』の脚本の要請を受けます。この作品は映画賞を全て独占する大ヒット映画となり、以降も黒澤映画全盛期の脚本を手掛け、日本映画史に燦然と輝く作品を支えました。生涯手掛けた映画は３００本ともいわれています。

同じく喜劇の映像を多く手がけた監督としては山本嘉次郎《やまもとかじろう》がいます。東京出身。若い頃から映画に興味を持ち、１９２２年日活に入社。帝国キネマを経て早川プロに参加。24年『熱火の十字球』で初監督。32年日活太秦に入り監督業を本格化し、ＰＣＬ移籍後は榎本健一（エノケン）のオペレッタを映画化するなどシリーズに押し上げ、明朗喜劇を手掛けます。ＰＣＬが東宝に発展するとともに榎本健一、古川緑波、柳家金語楼らを中心とした娯楽映画に軽妙な演出ぶりを見せる一方、『坊ちゃん』などの文芸ものも手掛け大ヒットさせ、幅広い手腕を見せ戦前の名作を発表しました。戦後は映画芸術協会を設立し、後進の育成を行い黒澤明らが巣立ちました。

4 外国人タレントの元祖

ロイ・ジェームス ● ジェームズ・バーナード・ハリス

戦前から流ちょうな日本語で舞台に出演するなど活躍した外国人タレントがいましたが、テレビやラジオを通してお茶の間の人気者となり、長きにわたり日本人に愛された外国人タレントの元祖はこの二人でしょう。ロイ・ジェームスとジェームズ・バーナード・ハリスです。

ロイ・ジェームスは東京・下谷出身。父はロシア革命により日本に亡命したペルミ出身のカザン・タタール人です。旧姓はハンナン・サファ。1971年に日本国籍を取得して、六条祐道を戸籍名としました。75年に三島由紀夫の長編小説『鏡子の家』の鏡子のモデルとされる湯浅あつ子と結婚し湯浅姓となります。父は東京回教寺院（東京ジャーミイ）のイマームを務めたアイナン・サファ（外人墓地区1種5の2側）。

1953年明治大学在学中に友人のE・H・エリックの代役で、日劇ミュージック・ホールに出演したのがきっかけで芸能界入り。55年からは外国人役の俳優として多数の映画に出演し、テレビでは多くの司会を務め、CMやラジオのディスクジョッキーとして、べらんめえ調の達者な日本語でお茶の間の人気者となりました。82年4月まで20年以上続けたラジオ「意地悪ジョッキー」を体調不良で降板し、芸能活動を休業して病気療養に専念しましたが、咽頭がん及び肺炎を併発し逝去。53歳でした。

ジェームズ・バーナード・ハリス（J・B・ハリス）は神戸出身。日本名は平柳秀夫。父は英国人のアー

ジェームズ・バーナード・ハリス

1916(大正5)年〜
2004（平成16）年8月16日
埋葬場所：外人墓地区2種1側

墓石は十字架でクロスする横石に父、縦石に母の名前等を刻み、墓誌に弟たちの名前を刻むが、本人の名前は刻まれていない。

ロイ・ジェームス

1929（昭和４）年３月９日〜
1982（昭和57）年12月29日
埋葬場所：外人墓地区１種別中側

墓石には「ABDUL HANNAN SAFA（ロイ・ジェームス)」と刻む。

サー・モンタギュー・ハリスで、母は平柳うら（共に同墓）。父は親日家のロンドン・タイムズの極東特派員でした。最初は英国籍でしたが、17歳の時に父が急死したため母とともに日本国籍を取得。この年にジャパン・アドバタイザー（ジャパン・タイムズ）に入社し新聞記者になります。戦争時は日本国籍取得者であるにもかかわらず横浜収容所に8か月収容され、日本人と確認され解放されるも、すぐに赤紙で召集されて中国の戦場に送り込まれました。

戦後、ジャパン・タイムズに復帰し、東京裁判を取材。その後、雑誌フォーチュン東京支局を経て、旺文社初代社長の赤尾好夫（9区1種7側）の招きで、英語講師としてラジオ番組を中心に活躍しました。

ラジオ番組では、１９５２年の文化放送（日本文化放送協会）開局と同時にスタートした「大学受験ラジオ講座」を担当。95年3月まで43年間放送しました。同じ文化放送にて、58年から34年間「百万人の英語」を担当し、全国の受験生を指導、遠隔教育の発展に尽力しました。この間、佐藤栄作首相のノーベル平和賞受賞式英語演説の指導を担当し、佐藤憲子夫人の個人教授なども務めました。晩年は、英語検定協会の評議員、旺文社顧問をつとめました。著書に『ぼくは日本兵だった』（旺文社）などがあります。妻の平柳富美子は眼科医で、長男のロバート・ハリス（平柳進）は作家、ラジオパーソナリティとして活動しています。

5 「人生の並木路」と「上海ラプソディー」

ディック・ミネ ● ミス・マヌエラ

太平洋戦争勃発以降、活躍の場を外国人移住区の上海租界に求めた日本の芸能人たちが多数いました。人気歌手のディック・ミネもその一人で、彼は国から名前の改名を命令され、やむなく「三根耕一」と改名し活動を続け、戦時中は上海租界に赴き、日本と上海を行き来しました。

ディック・ミネは徳島県出身。本名は三根徳一。立教大学時代にジャズバンド「ハッピー・ナイン」を結成。大学卒業後、父親の勧めで逓信省貯金局に就職しますが全く肌に合わず、1934年に歌の道を選び、淡谷のり子に見いだされてレコード歌手になります。同年創立されたテイチクレコードの専属歌手として、作曲家の古賀政男と連携し、自身が作詞と編曲を担当して「ダイナ」「黒い瞳」など大ヒット曲を生み出していきます。従来の純日本調の歌手とは一線を画し新たなファン層を取り込んで、一躍流行歌界の寵児となりました。「人生の並木路」など出す曲すべてヒットを飛ばし、外国曲を日本語で歌い戦前のジャズシーンも飾り、映画にも出演し俳優としても活躍。戦後も「夜霧のブルース」「長崎エレジー」などヒット曲を飛ばし、司会やコメンテーターとしても活躍。日本歌手協会会長も務めました。

外国人移住区の上海租界で〝ミステリアス・マヌエラ〟と呼ばれた伝説の舞姫、ミス・マヌエラ。父の赴任先の朝鮮・忠清南道の大田出身。旧姓は山田、本名は和田妙子。1928年、17歳の時に松竹楽劇部1期

ミス・マヌエラ
1911（明治44）年〜
2007（平成19）年5月18日
埋葬場所：5区1種9側
十字架が刻む洋型墓石に「和田忠七／妻 妙子／我は復活なり／生命なり／山田富紗子」と刻む。

ディック・ミネ
1908（明治41）年10月5日〜
1991（平成3）年6月10日
埋葬場所：11区1種14側17番
碑の裏面は「人生の並木路」の詩を刻む。

生に合格。その際に貰った芸名「水の江たき子」を気に入らず、同期生の三浦ウメがもらった「東路道代」と名前を交換しました。後に三浦が名乗った「水の江瀧子」は男装の麗人ターキーとして一世を風靡することになります。

妙子は松竹楽劇部に入ってすぐに振付師と結婚するも、19歳で死別。その後歌手のリキー宮川と再婚しますが4年後に離婚。アメリカの友人に世界中の舞踏家が集まる上海を薦められ、１９３８年上海に渡りました。

抗日感情が強い世界での活動であったため、名前を「マヌエラ」として、39年に上海ナイトクラブ「カサノバ」にてデビュー。当時日本人の入り込めないフランス租界、米英共同租界において、国籍不明の「ミス・マヌエラ」としてスパニッシュを踊るクラブダンサーとして活動。「魔都の花」として人気沸騰し、市内一の繁華街である南京路の朝鮮銀行の壁には十八番の「ペルシャンマーケット」を踊るマヌエラの大きな写真が飾られ上海を席巻しました。41年にハリウッド進出のスカウトを得るも、荷物を送った4日後に太平洋戦争が勃発し、夢が途絶えてしまいます。以後も上海でダンサーを続け、43年に陸軍の工作員だった実業家の和田忠七と出会い三度目の結婚をしました。

終戦後、和田と共に日本へ引き揚げますが、スパイ容疑をかけられ、米国の陸軍情報部の取り調べを受けました。すぐに解放され、都内で喫茶店「モレナ」を経営。その後、戦後初のナイトクラブ「マヌエラ」を経営し、日本のジャズマン達の登竜門の場として、ジョージ川口らを育て羽ばたかせました。

6　歌舞伎界　破門した人・された人

5代目中村歌右衛門 ● 3代目中村翫右衛門

「破門」とは、師弟の関係を断ち、門人の中から追放すること。歌舞伎界の名門、成駒屋。5代目中村《なかむら》歌右衛門《うたえもん》の門弟であった3代目中村翫右衛門《かんえもん》が、1929年、師匠から破門されます。

5代目中村歌右衛門の本名は中村榮太郎。江戸末期に幕府用達土方政五郎の妾腹の子として生まれ、4代目中村芝翫（同墓）の養子となります。1877年初代中村児太郎として甲府三井座「伊勢音頭」の油屋息子で初舞台。1881年に4代目成駒屋中村福助を襲名。「助六所縁江戸桜」で三浦屋揚巻に抜擢。9代目市川團十郎の助六の相方を務め、以後、團十郎や5代目尾上菊五郎の相方を務めます。美貌と品のある芸風で人気を集め、1901年に5代目中村芝翫を襲名、1911年5代目中村歌右衛門を襲名しました。15代目市村羽左衛門、11代目片岡仁左衛門とともに「三衛門」と呼ばれ、明治の歌舞伎界を統率。歌舞伎座幹部技芸委員長、大日本俳優協会初代会長を務めた大御所です。

一方弟子の3代目中村翫右衛門は、2代目中村翫右衛門の次男として生まれ、本名は三井金次郎。1905年中村梅丸の名で下谷柳盛座の「山姥」の烏天狗で初舞台。1910年から5代目中村歌右衛門の門弟となり、同年、3代目中村梅之助と改名。1920年から歌舞伎座で名題になり3代目中村翫右衛門を襲名。名門の出ではないものの理解力と表現の才能を認められ、着々と出世していきました。ところが、1929

3代目 中村翫右衛門
1901（明治34）年2月2日〜
1982（昭和57）年9月21日
埋葬場所：25区1種49側（三井家）
裏面が墓誌となっており中村翫右衛門は本名の三井金次郎と、息子の中村梅之助は三井鐵男と本名で刻む。

5代目中村歌右衛門
1866年2月14日
（慶応元年12月29日）〜
1940（昭和15）年9月12日
埋葬場所：2区1種13側5番
墓所入口に標石「成駒屋　中村家累代墓」とあり葺石墳墓が建つ（無刻）。

年雑誌『劇戦』を編集発行し、その中で、今まで積もり積もった鬱憤を暴露し、旧態依然とした歌舞伎界を批判。これが歌舞伎界内部の反発を受け、師の5代目中村歌右衛門から破門されました。

破門された翫右衛門は、仲間と大衆座を結成し活動を継続します。1931年2代目河原崎長十郎、5代目河原崎国太郎らと前進座を創立。大衆演劇の創造を目指し、新歌舞伎、新作歌舞伎、現代劇、翻訳劇、歴史物、映画などにも精力的に取り組みました。1949年座員69名と日本共産党に入党。当時は連合国占領下であり、マッカーサー指令によるレッドパージが広がり、興行弾圧がされていました。1952年北海道赤平町で劇団前進座の「俊寛」巡演が警察に組織ぐるみで妨害され、巡演当日で観客も会場に集まっているにもかかわらず上演がキャンセルされました。やむを得ず翫右衛門が会場で上演中止の挨拶を行ったところ、これを住居侵入罪として一行の一部が逮捕され、翫右衛門にも逮捕状が出たのです（赤平事件）。警察から逃亡の身となるも舞台には出演するなど離れ業を演じ、後に中国・北京へ潜行。連合軍撤退後、55年に堂々と帰国。その際、メディアからは「凱旋帰国」と報じられました。

その後は前進座の代表として八面六腑の活躍をし、次代の育成、演劇の大衆化につとめ、またテレビにも積極的に出演しました。

7 多磨霊園に眠る芸能人たち　その1

上原謙・入江たか子・木村功

多磨霊園には数多くの芸能人も眠っています。2回に分けて特筆すべき芸能人を紹介していきたいと思います。

まずは、戦前戦後の日本映画界を代表する二枚目スター上原謙《うえはらけん》です。本名は池端清亮《いけはたきよあき》。加山雄三の父親です。東京牛込出身。立教大学在学時の1933年、松竹蒲田の新人公募に学友が無断で上原の写真を送り採用され、大学卒業後松竹に入社。清水宏監督『若旦那・春爛漫』でデビュー。次作『彼と彼女と少年達』で主役に抜擢。共演した桑野通子と〝アイアンコンビ〟と人気を博しました。昭和10年代前半、佐分利信・佐野周二・上原謙の三人は「松竹二枚目三羽烏」と称されます。メロドラマ『愛染かつら』3部作で大ヒットを飛ばし、スターの座を不動のものにしました。プライベートでは名子役として活躍した女優で、後に美容体操の草分けとして「小桜式整美体操」を考案し一世を風靡した小桜葉子《こざくらようこ》（同墓）と結婚。

戦後は松竹を退社し、映画俳優フリー第一号となります。1948年『三百六十五夜』が空前の大ヒット、その後も数々の作品で重要な役を担い、当時の高額納税者のタレント部門トップに躍り出る活躍ぶりでした。しかし、1959年に舞台上にてメニエール症候群で倒れ、翌年、息子の加山のデビューと人気に伴い父親像が強くなり配役が激減、1970年に妻の小桜と死別した2か月後、共同オーナーを務めていた神奈川県茅ケ崎市のパシフィックパークホテル（65年オープン）が23億円の負債を抱え倒産。加山と共に莫大な負債を抱えました（10年後に完済）。1975年に38歳年下の歌手・大林雅美と再婚しマスコミを賑わせましたが、1991年に離婚。同年逝去。

上原が活躍した同じ時期、女性で輝いていたのが、華族の出である入江《いりえ》たか子です。本名は東坊城英子《ひがしぼうじょうひでこ》。東京四谷出身。子爵・貴族院議員を務めた東坊城徳長の三女です。1927年文化学院を卒業し、兄で日活京都撮影所の俳優の東坊城恭長に芝居を勧められ芸能界入り。同年舞台「伯父ワーニャ」で初主演。その舞台を観劇していた内田吐夢の目に留まり、日活に入社。内田監督『けちんぼ長者』で映画デビューを飾りました。1928年『近代クレオパトラ』では美貌で多情な悪女役で人気を得、『激流』『生ける人形』『雲の玉座』『東京行進曲』『滝の白糸』『月よりの使者』などに主演し、日活現代劇人気ナンバーワン女優の地位につきました。1932年新興キネマと提携し映画製作会社「入江ぷろだくしょん」を設立。初の女優の独立プロダクションとなります。

上原謙
1909（明治42）年11月7日～
1991（平成3）年11月23日
埋葬場所：2区2種11側2番（池端家）
前妻の小桜葉子も眠る。小桜葉子の本名は池端具子、岩倉具視の曾孫にあたる。

しかし、1934年トーキー映画が日本に上陸し、華族特有の口振りが仇となり、人気にかげりが出始めます。1937年にプロダクションを解散し、東宝と契約。戦時中に兄3人を亡くし、主役の仕事も減り、1950年にバセドウ病を患い翌年大手術を受けます。大映と契約し、“化け猫映画”の主役を生活のためと割り切り引き受け、1953年『怪談佐賀屋敷』がヒット。化け猫役の仕事が増えますが、一方で化け猫女優とレッテルを貼られ、1959年芸能界に見切りをつけ、銀座に「バー・いりえ」を開き実業家に転身。1962年黒澤明に請われて

入江たか子
1911（明治44）年2月7日〜
1995（平成7）年1月12日
埋葬場所：13区1種45側20番（東坊城家）
「東坊城家」の五輪塔の裏面には建之者として本名の東坊城英子の名が刻まれる。

木村功
1923（大正12）年6月22日〜
1981（昭和56）年7月4日
埋葬場所：22区1種45側（邦枝家）
妻はエッセイストの木村梢。妻の実家の邦枝家の墓所に眠る。義父の小説家の邦枝完二も同墓。

『椿三十郎』に出演、１９８３年大林宣彦監督『時をかける少女』では上原謙と夫婦役で出演し話題を呼びました。

黒澤明監督作品の常連俳優として一世を風靡した俳優は木村功《きむらいさお》です。広島県出身。１９４１年上京し、文化学院に入り学生演劇に没頭。山本嘉次郎（21区2種19側）監督にスカウトされ『ハワイ・マレー沖海戦』に出演。戦争悪化で繰り上げ卒業となり、１９４４年召集、海軍に従軍。終戦による復員で広島の実家に帰郷するも家族全員が原子爆弾の犠牲となっていました。失意の中、再び上京し俳優座に入ります。１９４９年痩せこけた俳優を探していた黒澤明の目に留まり『野良犬』に出演。三船敏郎演じる刑事に追われる惨めな復員兵の犯人役を熱演、自身の経験と重ね、戦争の深い傷跡を表現し大きな注目を集めました。以後、黒澤明作品常連となり、『生きる』『七人の侍』『天国と地獄』などで好演します。

１９５０年俳優座を退団し、岡田英次らと青年俳優クラブを結成。54年に劇団青俳と改称し、翻訳劇や創作劇を意欲的に上演。映画『億万長者』など製作も行い、劇団の中心的人物として活躍。また社会派リアリズム映画の話題作に数多く出演し、スターとしての地位も確立しました。しかし、１９６８年劇団内部の意見の対立から仲間たちが徐々に移籍、独立をしていき、劇団社長の乱脈経営の失敗から多額の負債を抱え倒産。同時期食道がんになり、58歳で亡くなりました。

8　多磨霊園に眠る芸能人たち　その2

谷啓・望月優子・小坂一也・牟田悌三

テレビ全盛時代に活躍し、お茶の間の人気者となった人たちを紹介します。
「ガチョーン」「ビローン」「谷ダァー」などの流行語を生み出し、映画『幸福』『釣りバカ日誌』、テレビ「なるほどザワールド」「時間ですよたびたび」などに多数出演した谷啓《たにけい》。本名は渡部泰雄《わたべやすお》。東京荏原出身。高校時代からキャバレーでバンドマンのアルバイトをはじめ、アメリカの喜劇映画とジャズにしびれます。１９５３年、中央大学在学中に原信夫の楽団「シャープス・アンド・フラッツ」に加入しトロンボーンを担当。また、「フランキー堺とスティ・スリッカーズ」にも参加し、トロンボーンのスライドを足で動かして吹くなどのコミカルな演奏で人気を得ます。芸名を米国コメディアンのダニー・ケイを日本語風にした名前「たに・けい」としました。

１９５６年同じバンド仲間だった植木等の紹介でハナ肇に出会い、ハナがリーダーを務めていたバンド「キューバ・キャッツ」に移籍。このバンドが後に「クレージー・キャッツ」に改名。１９５９年フジテレビ「おとなの漫画」、１９６１年日本テレビ「しゃぼん玉ホリデー」などの他、出演する映画は全て大ヒットし東宝クレージー映画と言われ、挿入歌「スーダラ節」「ハイそれまでヨ」「ドント節」なども軒並み大ヒットしました。１９６０年代後半からは個人活動が多くなり、単独でテレビや映画に俳優としてその持ち

谷啓
1932（昭和７）年２月22日～
2010（平成22）年９月11日
埋葬場所：13区１種43側23番（渡部家）

望月優子
1917（大正６）年１月28日～
1977（昭和52）年12月１日
埋葬場所：23区１種43側４番（鈴木家）

味をいかして活躍。２００８年から体調を崩し、翌年よりレギュラー番組を全て勇退して療養生活を送っていましたが、２０１０年私邸の階段から転落し脳挫傷のため急逝。享年78歳でした。

　庶民的な母親役として人気を博し、国会議員にまでなった女優の望月優子《もちづきゆうこ》。本名は美枝子。後に新聞人・作家の鈴木重雄（同墓）と結婚し鈴木姓となります。１９３０年東京市立忍岡高等女学校を中退し、榎本健一が座頭をしていた東京浅草の第２次カジノフォーリー、新宿のムーラン・ルージュなどで望月美恵子の芸名で初舞台を踏みます。戦後は１９４７年に滝沢修らの民芸に加わり、「復活」「破戒」などの新劇に出演。１９５０年より松竹と契約し『カルメン故郷に帰る』『現代人』などの映画の脇役として活躍。望月優子と改名後、１９５３年に木下恵介監督『日本の悲劇』で主役の母親を熱演して注目され、初の主演女優を務めたのを皮切りに、『おふくろ』『米』で演技賞。以降、数々の作品に母親役として主演し、庶民の母親役第一人者と称されます。１９７１年参議院議員選挙に社会党から出馬し当選。沖縄返還特別委員会委員長などで活躍しました。

「元祖和製プレスリー」と呼ばれ日本で最も早くロックンロールを発表した一人である小坂一也《こさかかずや》。名古屋市出身で東京育ち、小学校から高校まで成城学園で学び、後に総理大臣になる羽田孜は同級生で友人。高校時代から進駐軍回りのバンドに入り、１９５２年ワゴン・マスターズにボーカルとして参加。高校を中退し、１９５４年コロムビアレコードから「ワゴン・マスター」でデビュー。カントリー

小坂一也
1935（昭和10）年5月30日～
1997（平成9）年11月1日
埋葬場所：21区2種61側10番

牟田悌三
1928（昭和3）年10月3日～
2009（平成21）年1月8日
埋葬場所：12区1種10側

アンドウエスタン、ロカビリーの歌手としてアイドル的な人気を集めました。「青春サイクリング」などがヒット。

勢いそのままに、１９５７年青春スターとして映画俳優デビュー。その後、演技力を認められ、木下恵介監督の作品や舞台、テレビドラマなどに数多く出演。渋い中年役として『マルサの女』『キャンプで会いましょう』などにも出演しました。

ドラマ「ケンちゃんシリーズ」の父親役、「3年B組金八先生」第1シリーズでの杉田かおる演じる浅井雪乃の父親役など、庶民的持ち味の名脇役として活躍した牟《む》田《た》悌《てい》三《ぞう》。東京出身。北海道大学在学中より地元のテレビやラジオに出演し、卒業後は東京に戻り、劇団テアトル・エコー結成に参加。その後フリーとなり、１９６４年頃からテレビ出演を開始、１９６６年松竹映画『坊っちゃん』の教頭役で銀幕デビュー。その後、数多くの映画、テレビ、ラジオ、舞台と幅広く活動しました。

１９８０年からＴＢＳラジオで「牟田悌三の税金相談」が放送開始され、国税庁がスポンサーにつくなどタイトル変更や休み期間を挟みながら、２００５年終了まで25年間にわたり１０６６回放送しました。また社会福祉活動にも力を入れ、世田谷ボランティア協会名誉理事長、夢企画あった会会長、北海道開発庁審議会特別委員なども務め、子どもの電話相談を受けつけるＮＰＯ法人「チャイルドライン支援センター」代表理事として、市民活動に大きく貢献しました。

第6章

芸術家・音楽家が眠る多磨霊園

1 芸術は爆発だ！ 岡本一家

岡本一平・岡本かの子・岡本太郎・岡本敏子

「芸術は爆発だ」のCMで庶民の間でも知名度が高かった芸術家の岡本太郎《おかもとたろう》。父は、ストーリー漫画の先駆者である岡本一平《いっぺい》。母は小説家の岡本かの子です。また太郎を秘書として支え、のちに養女となったのが岡本敏子《としこ》。

岡本一平は北海道函館で生まれ、東京美術学校西洋画学科に進学し藤島武二に師事。この時、同級生の仲介で大貫カノ（岡本かの子）と知り合い、後に結婚します。1910年、美術学校を卒業し帝国劇場で舞台芸術の仕事に関わります。翌年、一平が24歳、かの子が21歳の時に太郎が誕生しました。12年夏目漱石からマンガの腕を買われ朝日新聞社に入社。漫画に解説文を添える「漫画漫文」というスタイルを築きます。このスタイルは大正から昭和前期にかけて一時代を画し、29年に先進社から全15巻で刊行した『一平全集』は5万セットの予約が入るなど一世を風靡しました。この年に岡本一家はヨーロッパ旅行をします。一平はこの旅を漫画漫文集『世界漫遊』として発表。後年は小説にも力を入れ『刀を抜いて』が映画化されました。また漫画家養成の私塾「一平塾」を主宰し後進の指導も行いました。

岡本かの子は豪商の大貫家の子として東京の青山で生まれるも、虚弱体質であったため父母と別居し養育母に育てられます。外で活発に遊べないことから養育母から「源氏物語」などを教えられ、村塾で漢文などを習い始めました。16歳頃から投稿をはじめ、17歳の頃に与謝野晶子（11区1種10側14番）を訪ね「新詩社」の同人とな

岡本太郎
1911（明治44）年2月26日〜
1996（平成8）年1月7日

岡本敏子
1926（大正15）年1月1日〜
2005（平成17）年4月18日

岡本太郎の墓は1967年制作の「午後の日」で、ブロンズ製。岡本家の墓所には岡本一家について書かれた川端康成の碑が建つ。

岡本一平
1886（明治19）年6月11日〜
1948（昭和23）年10月11日

岡本かの子
1889（明治22）年3月1日〜
1939（昭和14）年2月18日

埋葬場所：16区1種17側3番
一平の墓は太郎作「顔」。「太陽の塔」に似ているが、一平の墓の方が先に建っている。

り、『明星』『スバル』などに大貫可能子の名義で新体詩や和歌を発表。19歳の頃に岡本一平と知り合い、21歳の時に太郎を出産しました。

若くして結婚した一平とかの子は、芸術家同士であるが故の強い個性の衝突や、一平の放蕩に悩まされます。更に、かの子の兄や母の死去が重なり、長女を出産するも早死。神経衰弱に陥り精神科に入院するまでに苦しみます。一平から離れ環境を変えれば落ち着く望みを持ち、一平了承のもと、かの子を崇拝していた学生の堀切茂雄と同居を始めますが、身籠っていた次男も出産後に亡くなってしまいました。

原因をつくった悩みと救いたい一心の一平と、これを克服したいかの子は宗教に救いを求め、まずキリスト教の牧師を訪ねるも腑に落ちず、その後、親鸞の「歎異抄」によって生きる方向を暗示され仏教に帰依。これを機に、かの子は仏教に関する随筆を発表するようになり、仏教研究家として知られるようになります。

だいぶ回復し落ち着きを取り戻した岡本家は、１９２９年に一家でヨーロッパ旅行に行きます。途中、太郎は絵の勉強のためにパリに残り、一平とかの子はロンドン、ベルリンなどに半年ずつ滞在し、32年アメリカを経由して帰国。元気になったかの子は、『観音経を語る』『仏教読本』などを刊行。仏教に関する講演や執筆などの合間に、家族とも親交があった川端康成に小説の指導を受け、１９３６年に芥川龍之介をモデルにした『鶴は病みき』を発表。太郎への愛を描いた『母子叙情』や仏教的な考えを女性目線から描いた『老妓抄』『河明り』『生々流転』『女体開顕』など精力的に執筆しました。

１９３９年、脳溢血で倒れ、一平も認知していたかの子の恋人の新田亀三が献身的に看病するも、49歳の若さで逝去。生前「火葬はきらい」と話していたこともあり、一平と新田は東京中のバラを買い占め、この多磨霊園の地に土葬として葬りました。仏教で救われたこともあるため、お墓は観音様です。

家族でのヨーロッパ旅行中にパリで勉強するために留まった太郎は、ソルボンヌ大学に入り、ピカソに影響を受け絵画制作をすすめます。11年間滞在しましたが、１９４０年ドイツ軍のフランス侵攻を受け帰国。戦時中は陸軍に召集され二等兵として中国に出征。終戦後の１９４７年に敏子と出会いました。

１９５2年東京国立博物館で見た縄文土器の強烈な表現に不思議なモノを感じ、また沖縄の魅力にも影響を受けます。以降、アヴァンギャルド芸術、対極主義を主張し、「夜明け」「重工業」「森の掟」等の問題作を次々に発表。１９５４年に現代芸術研究所を設立。１９６７年に日本万国博のテーマ展示プロデューサーになり「太陽の塔」を制作（大阪万国博覧会）。以後も、平面・立体作品を数多く残し、文筆活動も精力的に行いました。

岡本敏子は千葉県出身。旧姓は平野。東京女子大学を卒業してすぐの頃太郎と出会い、秘書として支えた後、養女になりました。太郎が死去するまでの約50年間、人生のパートナーであり、岡本太郎記念館館長も務めました。１９６８年から翌年にかけて太郎がメキシコで完成させた、原爆炸裂の瞬間をテーマにした巨大壁画「明日の神話」は長年行方不明となっていましたが、敏子は執念で探し出します。「明日の神話　再生プロジェクト」を立ち上げ、移送、修復を手掛けますが、その最中に敏子は急逝。現在「明日の神話」は渋谷マークシティの連絡通路に設置され、多くの人の目にふれています。

2 多磨霊園に眠る音楽家たち　その1

齋藤秀雄・小倉末子・ウェルクマイスター・小野アンナ

齋藤秀雄
1902（明治35）年5月23日～1974（昭和49）年9月18日
埋葬場所：2区1種4側4番
墓所内には仙台藩伊達家に仕えた祖父の齋藤永頼、父の齋藤秀三郎の墓石もそれぞれ建つ。

多磨霊園には多くの音楽家たちも眠っています。2回に分けて特筆すべき人物たちを紹介します。

指揮者の小澤征爾や岩城宏之、チェロの堤剛や岩崎洸らを育てた音楽界の巨匠は、齋藤秀雄《さいとうひでお》です。東京出身。英語学者の齋藤秀三郎（同墓）の次男として生まれます。1923年からライプチヒ音楽院に留学し、クレンゲルに師事しました。一時帰国後再度渡欧し、ベルリン高等音楽学校でフォイアマンに師事します。最初、チェロ奏者として日本交響楽団の首席奏者をつとめましたが、1940年に退団、指揮者に転じました。松竹交響楽団、日本放送管弦楽団、東京フィルハーモニー交響楽団の各指揮者を歴任。戦後は指揮者としても独特な風格のある演奏を聴かせていましたが、後身の指導にも力を入れ、近年の日本の洋楽演奏界のめざましい発展に尽くしました。

世界で初めて認められた日本人ピアニストは小倉末子《おぐらすえこ》です。東京で生まれますが、両親を早くに亡くし、3歳の時に兄の小倉庄太郎《おぐらしょうたろう》（同墓）の家に引き取られ神戸で過ごします。兄の庄太郎は貿易で財を成し、妻はドイツ人のマリア（同墓）。末子は義姉のマリアとの相性が良く、母の代わりとして育てられました。幼稚園児の時にピアノの絵を描くことで

小倉末子

1891（明治24）年2月〜
1944（昭和19）年9月25日
埋葬場所：10区1種4側

小倉家之墓には兄の庄太郎とマリアも眠る。
また墓所内には「小野末子先生の碑」が建つ。

ハインリッヒ・ウェルクマイスター

1883（明治16）年3月31日〜
1936（昭和11）年8月16日
埋葬場所：外人墓地区1種11側

墓石には「ハインリッヒ　ウェルクマイステル」と刻む。

記号の位置まで覚えてしまい、それを見たマリアがピアノの手ほどきをすると、小学校入学時には基盤の位置まで覚え、楽譜から目を離さず弾けるようになったといいます。マリアは末子が8歳からピアノの英才教育を行いました。神戸女学院音楽科を経て東京音楽学校に入り、更にマリアの進言で留学を奨められ、１９１２年ベルリン王立音楽院ピアノ科に入りました。ドイツはマリアの母国でもあり、通訳兼身の回りの世話役として同行しました。１９１４年第一次大戦勃発のため、やむなくドイツからアメリカのニューヨークに末子とマリアは渡ります。そこでコンサートに出演して激賞され、ニューヨークタイムズに紹介され評判となりました。翌年シカゴのメトロポリタン音楽学校から招聘され教授に就任。１９１６年凱旋帰国し、25歳の若さで母校の東京音楽学校の教授として迎えられます。以降、四半世紀以上にわたり演奏と教育の第一線で活躍しました。

明治・大正時代には多くのお雇い外国人が来日し、様々な分野を日本人に指導しました。ハインリッヒ・ウェルクマイスターもその一人です。ウェルクマイスターはドイツのバルメン出身。１９０７年、ベルリン音楽学校を卒業し来日、東京音楽学校などでチェロを教えました。我が国のチェロ演奏の普及に尽力しただけでなく、室内楽を日本に紹介し、作曲の指導も行いました。生涯日本の地で音楽教育を行い、アウグスト・ユンケルとともに、我が国管弦楽界の育ての親と称されています。

ジョン・レノンの妻であるオノ・ヨーコの父・小野英輔は、ピアニストから銀

小野アンナ

1890（明治23）年3月14日～
1979（昭和54）年5月8日
埋葬場所：6区1種5側11番

小野家は多数の墓石が建ち、正面は日本興業銀行総裁を務めた小野英二郎の墓石。墓所左手側は右から英二郎の長男で動物学者、アンナの元夫の小野俊一の墓石。その左に「故 小野總裁記念碑」が建つ。右手側の左から四男で内科医学者の「小野康平家墓」。その右側にアンナと俊一の子の小野俊太郎の墓。墓所右手側手前に、アンナの母とワルワーラの夫の墓、そしてアンナとワルワーラの記念碑が建つ。

行家に転身しました。英輔の兄の小野俊一が動物学者で、最初の妻がヴァイオリニストの小野アンナです。英輔はアンナに音楽のイロハを学んだといいます。

小野アンナは本名アンナ・ディミトリエヴナ・ブブノワ。父はロシア帝国の官僚、母のアンナ・ニコラーエヴナは声楽家、姉のワルワーラは画家、妹のマリヤはピアニストの音楽一家。10歳からヴァイオリンを学び、ペテルブルグ音楽院でフリーアーティストの称号を得ます。１９１７年、ロシアに留学していた俊一と結婚しましたが、翌年ロシア革命が起こり、28歳の時に来日。以降、日本で小野アンナ音楽教室を主宰し、多くの門下生を育てました。１９２２年に母と姉のワルワーラを呼び寄せ皆で小野家に同居します。

俊一とアンナの一人息子の俊太郎の死などで、二人の仲にすれ違いが起こり協議離婚しました。しかし、離婚後もアンナは日本に留まり、ヴァイオリン演奏の進展に寄与し続けました。なお、俊一は後妻を娶り、後妻との子である小野有五（後に地球環境科学者）が生まれた後も、小野家との相性は良く、姉と共に小野家に住まわせていました。

１９５８年に俊一が没したことを機に、アンナとワルワーラは惜しまれつつソ連に帰国。その際、１９５９年日本政府から勲四等瑞宝章が贈られました。

２０１６年5月15日、小野有五や教え子たちが、多磨霊園の小野家の墓所内に「小野アンナとワルワーラ・ブブノワ記念碑」を建てました。同時に、多磨霊園の外国人墓地にあったアンナの母親の「アンナ・ニコラーエヴナ・ブブノワの墓」と、姉のワルワーラ・ブブノワの夫の「ウラジーミル・アレクサーンドロヴィチ・ゴローフシチコフの墓」もこの地に改葬されました。

3 多磨霊園に眠る音楽家たち その2

濱口庫之助 ● 佐伯孝夫 ● 中山晋平 ● 近藤宮子

多くのヒットソングを生み出した作詞作曲家を紹介します。まずは昭和30～40年代にヒットソングを連発した作詞作曲家の濱口庫《はまぐちくら》之助《のすけ》。神戸市出身で小学2年生の時に一家で上京。1935年早稲田大学高等予科に入学するも翌年中退、新宿の帝都ダンスホールのバンドボーイのギタリストとして活動します。1939年青山学院高等商学部に入学し、学業の傍ら、ハワイアンバンドグループの「Doo Doo フライヤン」を結成。戦争のため繰り上げ卒業となり、国策会社に就職しジャワ島へ赴任。一時捕虜の身になりますが、語学力を買われ通訳を命ぜられ、46年に帰国。進駐軍を相手に音楽活動を再開。灰田勝彦のバンドに参加し、53年第4回紅白歌合戦に初出場。翌年「浜口庫之助とアフロ・クバーノ」を結成して人気を博しますが、57年に解散、その後は作詞作曲家に専念します。59年「黄色いさくらんぼ」が作曲家として初ヒット作となり、翌年の「有難や節」は作詞家としてのヒットとなります。61年「バラが咲いた」は第一次和製フォークブームの先駆けとなりました。「涙くんさよなら」「星のフラメンコ」「夜霧よ今夜も有難う」などヒットメーカーとなり「ハマクラ・メロディー」と親しまれました。晩年はガンと闘いながら作曲した島倉千代子の「人生いろいろ」が大ヒットしました。

濱口庫之助
1917（大正６）年７月22日～
1990（平成２）年12月２日
埋葬場所：３区１種５側10番

中山晋平
1887（明治 20）年 3 月 22 日〜
1952（昭和 27）年 12 月 30 日
埋葬場所：21 区 1 種 6 側 3 番
同墓には前妻の敏子、後妻で敏子没後に自身が発掘した歌手の新橋喜代三（タネ）も眠る。

佐伯孝夫
1902（明治 35）年 11 月 22 日〜
1981（昭和 56）年 3 月 18 日
埋葬場所：21 区 2 種 21 側
佐伯姓から本名は和泉に変え、葛飾区にある九品寺の和泉家墓所にも眠るが、多磨霊園の佐伯家墓所にも名前が刻まれている。

「有楽町で逢いましょう」「銀座カンカン娘」「白い花のブルース」「いつでも夢を」など約2400作品を作詞家として世に送り出したのは、佐伯《さえき》孝夫《たかお》です。東京・麹町出身。父は梅田雲浜の研究家として知られた佐伯仲蔵（同墓）。早稲田大学在学中より西條八十に師事。1926年浅草の常盤座に入り文芸部員として作詞活動をする一方、西條が主宰する雑誌に抒情詩を発表、その後は記者をしながら作詞を続けました。流行歌デビューは、1930年コロンビアの「浅草紅団」で、32年からビクターに移籍し、藤山一郎「僕の青春《はる》」が初めてのヒットとなりました。39年からビクターレコード専属作詞家となり、作曲家の佐々木俊一と組んでヒットメーカーとなります。戦後は作曲家の吉田正と組み、都会の哀愁物から青春歌謡まで広いジャンルの作風でヒットを飛ばしました。

「しゃぼん玉とんだ　やねまでとんだ」「てるてる坊主　てる坊主　あした天気にしておくれ」など、現代の私たちにも馴染みある童謡唱歌を数多く作曲したのは中山晋平《なかやましんぺい》です。長野県出身。18歳で上京し、島村抱月の書生をしながら東京音楽学校に入学。1913年抱月が女優の松井須磨子と芸術座を旗揚げするにあたり、晋平も作曲活動を開始します。翌年、須磨子が「復活」の劇中で歌った「カチューシャの唄」が大ヒットしました。しかし、恩師の抱月が急死し芸術座が解散となり、晋平は童謡の世界へと転じます。野口雨情らと共に民謡調査の旅に出かけ、意欲的に多くの作品を手掛けていきました。「アメフリ」「兎のダンス」「こがね虫」「證城寺《しょうじょうじ》の狸囃子《たぬきばやし》」「背くらべ」「雨降りお月」や夏の東京での盆踊りで必ずかかる「東京音頭」の作曲もしています。日本の俗楽旋律に基礎をおいた創作で独自の境地を切り拓き、童謡・民謡・校歌・流行歌など約３０００曲を世に送り出し「日本のフォスター」と呼ばれました。

「さいた　さいた　チューリップの花が」「やねより　高い　こいのぼり」。こちらも誰もが知っている「チューリップ」と「こいのぼり」の童謡唱歌です。この2曲は長い間、作詞者不詳でした。「実はこの作詞はお母さんよ」と聞かされた長男が発表し公になりました。この作詞家は近藤宮子《こんどうみやこ》です。

近藤宮子
1907（明治40）年3月21日～
1999（平成11）年4月8日
埋葬場所：21区2種8側

近藤宮子の父は国文学者の藤村作（20区1種16側）で宮子は赴任先の広島で生まれました。１９３１年、父の教え子で国文学者の近藤忠義（同墓）と結婚。専業主婦となります。同年、幼稚園唱歌研究部に関わっていた父から、夫の忠義を介して、子どものための作歌を頼まれます。依頼されて1か月の間に「チューリップ」「こいのぼり」を含む10編を作歌し、日本教育音楽協会に提出。なんと10編とも採用されました。しかし、戦争の混乱もあり、作った作品は全て無名著作物として公表されてしまいます。

戦後も宮子は歌いつがれていくなら良いという理由で名乗り出ず、１９７０年に記者となった長男の発表で注目されました。しかし、日本教育音楽協会は作者不詳の作歌の著作料を財源としており、宮子らを作詞者とするどころか、１９８１年に作者不詳の著作権が切れるのを防ぐために元会長が作詞者であると発表。これに対して嘘はいけないと裁判となり、結果、宮子が作詞者として認められ、日本教育音楽協会に対して損害賠償支払いを命じる判決がでました。この時、宮子は86歳。ほとんど物証が無いにもかかわらず、裁判官が心証によって判決を断定した珍しいケースとして話題になりました。

4　流派が違う箏曲家 人間国宝

初代米川文子 ● 2代目上原真佐喜

箏曲《そうきょく》とは、「箏」つまり「こと」の音楽の総称です。一般的には「おこと」とも言い、漢字にすると「琴」を当てて「お琴」と書く場合も多いです。この楽器は元々「雅楽《ががく》」という古代成立の管弦楽の編成楽器のひとつでした。近世箏曲は、戦国末期から江戸時代はじめにかけて活躍した僧侶の賢順が完成した「筑紫箏《つくしごと》」を始祖とします。最初は娯楽性ではなく礼や精神性を重んじる音楽でした。賢順の弟子の法水に師事した盲目の八橋検校《やはしけんぎょう》が、三味線や胡弓の名手でもあったことで、それを箏に応用し、これまでの律音階による調弦から、都節音階による新たな調弦法である平調子《ひらぢょうし》、雲井調子《くもいぢょうし》に改め新しい曲を発表しました。当世風でかつ芸術性も高く、箏曲家として当時の世に広く受け入れられることになります。以降、「箏曲家」は箏（お琴）・三絃（三味線）・地歌（地唄）の三つを扱うことの出来る演奏者を指すこととなり、箏だけを扱う演奏者は一般的に「箏奏者」「箏演奏家」と名乗ることが多いです。

箏曲家は八橋検校の後、元禄の頃に京都の生田検校によって更に箏曲は改変、整理されました。生田は初めて地歌曲に箏を合奏させました。そして三味線の技巧に対応させるため箏の爪の形状を大きく変えます。しだいに生田の門下生が増え、京都・大阪を中心に名古屋、西日本、九州へと「生田流」が広がっていきました。

初代米川文子（生田流）
1894（明治 27）年 6 月 15 日～
1995（平成 7 ）年 5 月 31 日
埋葬場所：13 区 1 種 26 側 1 番

2代目上原真佐喜（山田流）
1903（明治 36）年 12 月 10 日～
1996（平成 8 ）年 5 月 11 日
埋葬場所：22 区 1 種 73 側
初代上原真佐喜も同墓に眠る。

上方で箏曲が隆盛していたのに比べ、江戸時代の中期まで江戸では演奏する人が少なく、また武士が中心の江戸は、貴族的・古典的イメージの箏曲はあまり受け入れられない土地柄でした。そこで、江戸でも積極的に生田流系箏曲を広めさせようという動きが生まれ、山田検校が抜擢されます。山田検校は、医師山田松黒より箏曲を学んだため、箏曲組歌に対する権威的な考え方に規制されず、自由な発想で箏曲を考えることができました。当時浄瑠璃と謡曲は江戸の町家、武家共に最も愛好された音楽であり、山田は江戸浄瑠璃に合う、旋律に起伏があって音域も高く軽いテンポのある箏曲の新作をつくり、大衆の支持を得ます。主に大衆が集まる銭湯で持ち前の美声と箏曲を知らしめ、叙事的、叙景的内容で占められ歌詞は人気を博しました。また箏の改良も試み、より音量の大きな箏を完成させます。生田流の動きとは異なる江戸で流行らせた山田の流れは、山田流箏曲の創始となりました。

山田流箏曲は「爪」は三角（やま型）で、絃に対して爪を垂直にあて、やまの一番高いところで弾きます。生田流箏曲は「爪」の形が四角く、手を斜めにして、その角を鋭角に絃にあてて弾く違いがあります。前置きが長くなりましたが、多磨霊園には共に人間国宝に認定された山田流と生田流の箏曲家が眠ります。

山田流の箏曲家である2代目上原《うえはら》真佐喜《まさき》。初代上原真佐喜の三女で東京出身。初代は3歳の時に失明し、9歳の時から箏曲の世界に入り、１８９０年真佐喜を名乗り、１９１７年真磨琴会《ままごと》を創立。多くの作曲をしました。２代目はその父に習い、幅広く芸を修めます。林家の養女となり、本名は林兎喜子。１９３３年初代が亡くなり、２代目上原真佐喜を襲名。山田流古典に優れた解釈と演奏技術を示します。また新作も手掛け、作曲にも尽力し、１９６６年『香具山にのぼりて』で芸術祭賞を受賞。１９７０年重要無形文化財保持者（人間国宝）に認定されました。

　生田流の箏曲家で人間国宝になったのは米川文子《よねかわふみこ》。岡山県上房郡高梁町出身。異母長姉に箏曲家の米川暉寿《てるじゅ》。兄に箏曲家の米川親敏（米川琴翁）、ロシア文学者の米川正夫（７区２種８側）がいます。箏曲一家に生まれ、幼い頃から箏を学び、９歳にして箏曲の免許皆伝となり伝授書を受けました。１９０５年に上京、20歳で独立、１９２８年箏曲演奏団「双調会」を主宰し生田流家元となりました。１９３１年生田流の古典研究を目的とした「虹輪会」を結成、１９３５年には地唄舞研究会を開催し、関西の芸である地唄を東京で広め、大日本三曲協会創立にともない理事に就任。芸術祭奨励賞を３度受賞するなど数々の賞を得、１９６６年に重要無形文化財保持者（人間国宝）に認定。日本三曲協会会長、初代生田流協会会長。学校教育での三曲の普及に尽力しました。

　１９７７年流派が違う上原と米川が「箏曲の伝統を守る会」を結成、二人が同所で披露会を催しました。米川文子は１９９５年に１０１歳で逝去、２代目上原真佐喜は１９９６年に92歳で逝去。二人とも明治・大正・昭和・平成の四時代を箏曲家として活躍しました。

5　伝説のドラマーとカリスマDJ

ジョージ川口・青木達之・瀬葉淳（ヌジャベス）

戦後、進駐軍の影響や笠置シヅ子が歌った「東京ブギウギ」が大ヒットしたことで、「ジャズ」が大衆化します。この時期にジャズドラマーとして活躍し、後にジャズ界の巨匠とまで称されたのは、ジョージ川口《かわぐち》です。京都府出身。本名は川口譲治。父の川口養之助（同墓）はサックス奏者であり日本ジャズ界の草分け的存在です。6歳の時に満州に家族で渡り、大連でアメリカ映画『ハリウッド・ホテル』を観て、ジーン・クルーパのドラム・ソロに感激、その日からドラマーを志します。戦時中、満州飛行学校でパイロットの資格を習得しますが、飛行機事故に遭遇。九死に一生を得ます。終戦後しばらくは、大連市内の父親のバンドと共に活動し、1947年内地引き揚げ後は、横浜の米軍クラブに出演しました。この年、三木トリロー・バンドへ加入しプロデビューします。人気に拍車をかけたのはツーバスドラムスタイルを採用し一層の迫力をプレイに盛り込むようになってからで、以後はこのツーバスドラムがジョージ川口のトレード・マークとなりました。

ジョージ川口
1927（昭和2）年6月15日〜
2003（平成15）年11月1日
埋葬場所：9区2種32側
父でジャズ・サックス奏者の川口養之助も眠る。

　1953年に当時のトップスターの松本英彦（ts）、中村八大（p）、小野満（b）とビッグ4を結成し、翌年から始まった文化放送の「トリス・ジャズ・ゲーム」にレギュラー出演。ジャズのブームを巻き起こしました。日本ジャズ界で最もめざましい功績を残したジャズマンに贈られる南里文雄賞をはじめ、ジャズ界で初めて芸術選奨文部大臣賞、日本作曲大賞音楽文化賞、紫綬褒章を受章。ジャズ発祥の地のアメリカ・ニューオリンズ市より名誉市民の称号も贈られます。口ひげに蝶ネクタイ姿もしくはスーツ姿で多くのファンに親しまれ、パワフルなドラムで観客を魅了。石原裕次郎主演映画「嵐を呼ぶ男」のモデルです。

　人気バンド「東京スカパラダイスオーケストラ」のドラマーとして活躍していた青木達之《あおきたつゆき》。東京出身。慶應義塾大学卒業後、出版社に入社。１９８７年東京スカパラダイスオーケストラ（スカパラ）に結成時より加入。出版社に勤務しながらライブ活動に参加し、１９８９年インディーズレーベルよりアナログ盤「東京スカパラダイスオーケストラ」をリリース、翌年メジャーデビューします。スカパラの活動以外にもドラマーとして、高橋幸宏、小沢健二、坂本龍一他多数アーティストの作品、コンサートツアーなどに参加。小泉今日子のヒット曲「丘を越えて」などでは編曲も手掛けていました。

青木達之
1966（昭和41）年8月15日～
1999（平成11）年5月2日
埋葬場所：8区1種14側

　そんな人気絶頂期の１９９９年5月2日午後11時15分頃、東京都世田谷区豪徳寺の小田急線の線路上にあお向けに横たわっているところを、相模大野発新宿行き上り急行電車にはねられ死亡しました。現場は豪徳寺駅から約70メートル新宿寄りの線路上。同駅のホームから線路に降り、歩いて事故現場まで行き、電車にはねられたとみられています。警視庁北沢署の調べによると自殺の可能性が大きいとされていますが、遺書などは見つかっていません。享年32歳でした。

　ジャズを元にした独特のヒップホップ音楽のトラックメイカーとして活躍していたのが、ＤＪの瀬葉淳《せばじゅん》。アーティスト名はNujabes（ヌジャベス）。

瀬葉淳（ヌジャベス）
1974（昭和49）年2月7日〜
2010（平成22）年2月26日
埋葬場所：11区1種18側（山田家）
墓誌には本名の山田淳の横に「NUJABES・瀬葉淳」と刻む。

瀬葉淳はペンネームで、ローマ字表記「SEBAJUN」を逆さから読んだ名前「ヌジャベス」をアーティスト名として使用していました。本名は山田淳。東京港区出身。１９９５年21歳の学生の時に渋谷区宇田川町にてレコード店「GUINNESS RECORDS（ギネスレコード）」を開店。１９９９年に渋谷区神南に「Park Avenue Studios（パークアベニュースタジオ）」を設立しました。インディペンデントレーベル「hydeout productions」の主宰も兼ねます。２００３年8月21日にファースト・アルバム「metaphorical music」をリリース。翌年パリコレクションにてコムデギャルソンの音楽ディレクターを務めました。また渡辺信一郎監督からラブコールを受け、フジテレビアニメ「サムライチャンプルー」のサウンドを制作。Sonar Sound Tokyo出演等を経て、２００５年11月11日セカンド・アルバム「modal soul」を発表。オリコン最高35位。その他、多くの楽曲に参加しました。

現代の音楽業界の流れとは裏腹に宣伝活動を行わず、純粋に音＝作品のリリースのみで世界中のリスナーから絶大な支持を得た稀代のプロデューサーとして活躍。ヒップホップを軸としたメロディアスかつリリカルなサウンドで高い人気を誇り、テニスプレーヤーの錦織圭選手が試合前にいつも聴いているということで注目されました。２０１０年2月26日深夜、東京港区内の首都高速を降りた地点で交通事故に遭遇し、渋谷区内の病院に搬送されましたが早逝。享年36歳でした。

第7章

〝事件〟の人が眠る多磨霊園

1 心中を選んだ人「坂田山心中事件」

調所五郎 ● 湯山八重子

今の時代では考えられないほど、男女の恋愛事情において、身分や立場の違いなど様々な問題によって苦しみ、「心中」を選んでしまった人たちが多磨霊園には眠ります。今回は華族家系の学生が引き起こしてしまったプラトニックな愛を貫いた「坂田山心中事件」の調所五郎《ずしょごろう》と湯山八重子《ゆやまやえこ》のお話です。

五郎は東京出身。男爵の調所廣丈《ちょうしょひろたけ》の五男で銀行家の調所定の長男として生まれます。八重子は静岡県駿東郡下（裾野）の素封家の三女として生まれました。１９２９年、八重子が東京の頌栄高女に通っていた時、慶應義塾大学経済学部に通っていた五郎と出会い、恋愛関係になり交際が始まりました。しかし、八重子は胸の病気で高女を中退し実家に戻ることになり、遠距離となります。五郎は八重子との結婚を本気で考え、八重子の両親に挨拶をするも反対されます。１９３２年5月8日二人が出した答えは、神奈川県大磯の坂田山で心中自殺を遂げることでした。五郎は享年24歳、八重子は享年22歳。

心中翌日、松露狩りをしていた地元の若者が二人の遺体を発見します。五郎は学生服姿に角帽、八重子は藤色の和服姿で裾が乱れぬよう膝元を赤い紐で結んでいました。遺体の側にあった瓶には写真現像液を作るときに用いる猛毒の昇汞水（塩化第二水銀）があり、服毒自殺とされました。夕刻、二人は身元不明の無縁仏として大磯町宝善寺に仮埋葬されます。10日朝、仮埋葬された塚が掘り起こされ、八重子の遺体が消え、更に二人の身元が判明し大騒動となりました。男は男爵家の子息、女は大富豪の令嬢であったからです。
11日、八重子の遺体は宝善寺から100mほど離れた大磯海岸の船小屋の砂の中から全裸で発見されました。良家の心中、死体盗難、全裸での発見という猟奇的な内容に、マスコミは連日大磯を訪れ報道し世間の関心を集めます。二人が心中した山を含む大磯駅周辺は当時三菱財閥の岩崎家所有地であり、その雑木林の山は地元では八郎山と呼ばれていましたが、マスコミは悲恋に合わないという理由で、近くの地名から勝手に「坂田山」と命名し、一連の事件は「坂田山心中事件」として全国に報道されました。

この事件の渦中、五・一五事件が発生。取材規制が敷かれたこともあり、また暗い政治世情を覆すように、報道各誌は坂田山心中事件をクローズアップし、単なる身勝手な二人の心中から、貞操を守った二人の純愛物語へと取り上げ方が変わっていきました。18日、遺体盗掘犯人が逮捕され、事件は落着します。しかしブームは終わりません。事件わずか1ヶ月後に、松竹が坂田山心中事件をモデルにした『天国に結ぶ恋』の映画を配給し空前の大ヒット。映画と共に主題歌「悲恋大磯哀歌」は結ばれない恋を美しく歌い上げ大ヒットとなり、歌詞「二人の恋は清かった神様だけがご存じよ」というフレーズは流行語にもなりました。なお、上映開始から半年の間に、20組もの心中事件が発生したとされています。

調所五郎
1909（明治42）年～
1932（昭和7）年5月8日

湯山八重子
1911（明治44）年～
1932（昭和7）年5月8日
埋葬場所：12区1種18側

現世では結ばれることがなかった二人ですが、多磨霊園にある墓石には「調所五郎／妻　八重子　之墓」と、八重子を「妻」と付けて刻まれています。多くの心中したカップルは、戸籍が異なるため死後別々に各々の実家の墓に埋葬されるケースがほとんどですが、調所家と湯山家の双方了承の元に建之されたのでしょうか。

2 自殺か他殺か？「下山事件」

下山定則 ● 古畑種基

1949（昭和24）年6月1日、国有鉄道初代総裁に下山定則《しもやまさだのり》が就任しました。もともと日本国有鉄道は運輸省鉄道総局が、国営事業として国の国有鉄道事業特別会計によって事業を行っていましたが、税金での運営ではなく独立採算制での経営のため、公共企業体として法人（公社）にすることが決まりました。日本国有鉄道だけではなく、日本専売公社、後に日本電信電話公社も公共企業体となり三公社と呼ばれます。

日本国有鉄道が公共企業体となるにおよび、行政整理の一環として9万5千人の人員整理を発表。いわゆるリストラです。これに対して、労組が反対闘争に入り国鉄内は混乱。火中の栗を拾う状況で国鉄総裁として抜擢された下山は奮闘します。そんな中7月5日、下山が登庁の途中、日本橋三越に立ち寄ったあと行方不明になります。そして翌6日朝、常磐線北千住―綾瀬間の線路上で轢死体となって発見。総裁として責任を取り自殺をしたのか、それともリストラに対する恨みを買っての他殺なのか。世間に衝撃が走りました。

下山は兵庫県出身。父は司法官の下山英五郎。東京帝国大学を卒業し、1925年鉄道省に入り技師となります。1936年在外研究員を命ぜられヨーロッパ各国を視察・歴遊し、翌年帰国。その後は鉄道畑を歩み、運輸次官を歴任。そして、国有鉄道が公共企業体となるにおよんで初代総裁に抜擢され、就任約1ヶ月後に轢死体として発見されることになります。

下山の遺体は法医学解剖にまわされます。その死体検分をしたのが、東京大学法医学教室の教授であった古《ふる》畑種基《はたたねもと》です。東京帝国大学卒業後、金沢医大教授を経て、1936年より母校の教授となりました。法医学・血清学の権威で、ABO式血液型の遺伝について三対立遺伝子説を唱導し、その遺伝法則を樹立。他にも数多くの業績を挙げ、1943年に学士院恩賜賞。1956年に文化勲章を受章。後に東京医科歯科大学教授や警察庁科学警察研究所長も務めました。血液にまつわる本も多数出版しており、犯罪法医学や血液型学などの他に、1962年に出版した『血液の話』は一般層にも広がり、本人は根拠がないと否定しましたが、血液型ブームはここから始まっています。また警察の科学捜査の推進役でもあり、帝銀事件や今回の下山事件などの難事件に立ち会います。

下山定則
1901（明治34）年7月23日～
1949（昭和24）年7月6日
埋葬場所：21区1種16側6番

古畑種基
1891（明治24）年6月15日～
1975（昭和50）年5月6日
埋葬場所：20区1種18側

　古畑による下山の検分結果は、「死後礫断」説（「死体に生活反応が見られず、死後轢断である。但し、睾丸、局所、手にごくわずかな生前の出血をみる」＝他殺説）と発表しました。この発表に対して、慶應大学教授の中館久平が、「睾丸と局所の出血は生前なくても飛び込み轢断の死体によく見られる」と「生体轢断」（自殺説）を主張し、法医学論争になります。反論もありましたが検分は他殺説。しかし下山の当日の足取りからすると自殺説が有力で、下山の後を引き継ぎ総裁となった加賀山之雄は「鉄道マンは鉄道自殺をしない」と語気を強めるなど、自殺なのか他殺なのかというミステリーに世間は注目、マスコミをにぎわせました。結果的に自他殺不明のまま未解決に終わっています。

3　事故に散った作家と政治家

向田邦子 ● 菊川忠雄

飛行機嫌いであったにもかかわらず、飛行機事故で命を落としてしまったのが作家の向田邦子《むこうだくにこ》です。

向田は東京出身ですが、父親の転勤にともない高校時代までは各地を転々としました。学校卒業後は、財政文化社で社長秘書に就きます。1952年に雄鶏社『映画ストーリー』編集部に入り記者として従事する傍ら、市川三郎のもとで脚本を学びます。アルバイトでラジオドラマの台本を書き始め、途中からテレビドラマの脚本に転向。TBSラジオ「森繁の重役読本」の台本は7年間で2448回も続き、並行してテレビドラマ「七人の孫」「だいこんの花」「時間ですよ」「寺内貫太郎一家」「冬の運動会」「家族熱」「阿修羅のごとく」などの脚本も手掛けました。小説家としても、1980年に小説新潮に連載した『想い出トランプ』の短編小説「花の名前」「かわうそ」「犬小屋」で第83回直木賞を受賞。81年長編小説『あ・うん』を発表。またエッセイストとしても活躍の幅を広げていました。

そんな絶頂期の1981年8月22日午前10時頃。台北発高雄行き台湾・

向田邦子
1929（昭和４）年11月28日～
1981（昭和56）年８月22日
埋葬場所：12区１種29側52番
墓所内の墓誌碑には俳優の森繁久弥の挽歌「花ひらき　はな香る　花こぼれ　なほ薫る　久弥」と刻む。

遠東航空ボーイング737型機が突如空中分解し墜落（遠東航空103便墜落事故）、日本人18名を含む乗員乗客110名全員が死亡。事故原因は機体腹部のアルミ合金の腐食と判明。向田は当初、シルクロードの旅で中国へ行く予定が、旅行社への申し込みの手違いでキャンセルとなり、初めての台湾旅行へと切り替え、高雄への美術館見学、蝶の採集に行く段取りでした。享年51歳。

1954年9月26日。北海道と青森を結ぶ青函連絡船上り第4便「洞爺丸」（4337トン）は、午後9時過ぎ、4時間遅れで函館を出航しました。折から接近していた台風15号（マリー）は津軽海峡付近で風速55メートルに達し、船長は港外仮泊を試みましたが、暴風のため航行不能となり座礁、転覆、沈没します。死者・行方不明者1155人、生存者はわずか150余人。この日本史上最悪の海難事故と呼ばれた船に乗り合わせて命を落としてしまったのが、労働運動家・政治家として活動していた菊川忠雄《きくかわただお》です。遊説先の北海道から東京への帰途中でした。

菊川忠雄
1901（明治34）年3月1日～
1954（昭和29）年9月26日
埋葬場所：18区1種18側

菊川は愛媛県越智郡波方村（現・今治市）出身。東京帝国大学の学生時代から学生自治権拡大運動や関東大震災被災者救援運動を指導するなど活発に活動し、卒業後も全国労働組合同盟結成とともに教育部長などを歴任。1936年全日本労働総同盟創立で本部総主事、関東同盟副会長に就任しました。戦後も日本鉱山労働組合会長など労働運動の中心的な役割を担い、1947年の衆議院議員選挙で東京4区から日本社会党公認で出馬し当選。1951年の社会党の右左分裂以後は右派社会党に属し、52年、53年の選挙で連続トップ当選。党では中央執行委員を務めました。政治家としてこれから脂が乗る時期の悲劇でした。享年53歳。

4 「高嶋象山殺人事件」と「大晦日猟銃殺人事件」

高嶋象山 ● 北澤重蔵

多磨霊園には自分の意志とは無関係に事件に巻き込まれて命を落としてしまった人も眠ります。

易学者として著名であった高嶋象山《たかしましょうざん》は、岡山県出身。旧姓は牧。19歳の時より易学の研究を始め、23歳の時に上京し易業を開所しました。この時、高嶋易断で知られる高嶋嘉右衛門の影響により、高嶋易断総本部の門下に入り認められ、姓を高嶋と改めます。古来より伝わる日本易学や運命学、高嶋易学などを比較研究し、1932年頃に「科学予言」という新しい学説を生み出しました。象山が考案した新しい学説「高嶋象山易学」が完成すると、象山易学初代宗家となり、高嶋象山学派を開祖し、高嶋易断総本部宗家を開所、「高嶋象山易学鑑定所」初代宗家となりました。

1959年11月24日、高嶋易断総本部に大阪市の作業員（当時24歳）が訪問してきました。象山の長男の璋（高嶋崋象《がくしょう》：同墓）は、以前も訪ねて来た見覚えのある男であったことから応接間に通しました。象山が来るまでの間、二人は雑談していましたが、青年が突然セーターの下に隠し持っていた刃渡り17センチの出刃包丁を持って暴れだし、璋の胸を一突きにしました。この騒ぎで隣室に居た象山が応接間に駆けつけましたが、興奮状態の青年は象山をも襲いメッタ刺しにしました。象山は出血多量で翌日早朝に逝去。享年73歳。璋は奇跡的に命を取り留めたものの全治3か月の重傷を負いました。

青年の動機は、自分の仕事の失敗や運が悪いのは心霊術に掛けられているからではないかと思い悩んでいたことであると述べています。高嶋易断が心霊術をしていると聞き、対決するしかないと5年前に象山に初訪問。面会し心霊術をしているのかを直接聞くも、していないと軽くあしらわれます。その後も、5年間で4回も大阪から上京し訪問、今回5回目が最後の対決として出刃包丁を購入し挑んだとされます。

「甘栗太郎」の生みの親、北澤重蔵《きたざわしげぞう》は長野県出身。実業を志して最初に醸酒製造を経営するも失敗。再び上京し、更に事業への志をもって支那（中国）へ渡りました。当時中国の燕山山脈付近でしか食べられなかった天津甘栗の味を知り、この甘栗を持ち帰り輸入することに着眼します。１９１４年甘栗専業として販売を開始。現在の甘栗太郎本舗の元祖はここから始まりました。１９１８年に東京で世界万博が開かれた時、桃太郎にあやかり「甘栗太郎」と命名、実演販売を行い好評を博します。

事業を拡大していた１９３２年12月31日、「大晦日猟銃殺人事件」が起こりました。午後9時。本郷区湯島の野村引抜き注射針製作所の主人の長男は酒を飲んで帰宅したところ、父親と口論となり、女中が隣家の北澤に仲裁を依頼しました。その長男は2階から5連発の猟銃を手にして階下に降り、父に発砲して左足膝を撃ち、次に自分の妻にも発砲し右足ふくらはぎへの負傷と膝下切断の重傷を負わせます。更に、従弟と仲裁に入っていた北澤にも発砲し二人を殺害。北澤は腰から腹にかけて弾を貫通させられ即死でした。駆けつけた警察に長男はその場で逮捕されました。

高嶋象山
1886（明治19）年7月10日～
1959（昭和34）年11月25日
埋葬場所：４区１種55側

北澤重蔵
1880（明治13）年～
1932（昭和７）年12月31日
埋葬場所：６区１種12側

5 「寺田屋事件」

柴山愛次郎 ● 橋口壮介 ● 森岡昌純

幕末に起きた「寺田屋事件」というと、多くの人がイメージするのは坂本龍馬が暗殺された事件ですが、同じ場所で4年前の1862年に薩摩藩の尊皇派志士の鎮撫事件も起き、そちらが先の「寺田屋事件」です。この薩摩藩士同志討ちで命を落とした尊王派志士8名と後日京都で自決した同志1人を合わせた9人の志士は京都伏見の大黒寺に葬られ、「寺田屋殉難九烈士墓」が建ちます。その9名中2名（柴山愛次郎と橋口壮介）と、事件に連座し謹慎を命じられた橋口吉之丞、柴山良助、西郷信吾（のちの西郷従道、西郷隆盛の弟。10区1種1側1番）、また討ち取るために派遣された森岡善助（昌純）と、敵味方が多磨霊園に眠ります。

柴山愛次郎
1836（天保7）年～1862年5月21日（文久2年4月23日）
埋葬場所：10区1種13側37番
墓所には「柴山家之墓」と「柴山矢八之墓」の二基建ち、柴山家の墓石に良助、愛次郎の名が刻む。

幕末、天皇政権を認めつつも政治は徳川幕府が継続して行おうとする公武合体派と、倒幕して天皇政権として新しい新政府をつくろうとする尊王派が対立していました。薩摩藩の事実上のトップであった島津久光は倒幕までは考えておらず、久光が入京した際に、幕府朝廷より過激派の志士始末を授かります。これを知った志士たちは憂国の念から憤慨し諸藩の尊王派志士らと共謀、関

森岡昌純

1833年1月10日（天保4年12月1日）～1898（明治31）年3月26日

埋葬場所：22区1種37側5番

墓石には「正四位勲三等男爵森岡昌純之墓」と刻む。

橋口壮介

1841（天保12）年～
1862年5月21日（文久2年4月23日）

埋葬場所：22区1種5側

墓誌には「長男 壮介」の刻みと共に「伏見寺田屋」の刻みも見ることができる。父の橋口彦次は「橋口兼柱」、壮介と共に寺田屋事件に関与した弟の橋口吉之丞は「橋口次郎」の名で刻む。

白九条尚忠と京都所司代酒井忠義を襲撃し、その首を持って久光に奉じることで、無理矢理にでも蜂起を促そうとします。この襲撃前に伏見の船宿・寺田屋に集結したのです。志士暴発の噂を聞いた久光は決起を止める工作を打ちますが、抑えることができず、従わない場合には上意討ちもあると剣術に優れた藩士8名を派遣しました。

文久2年4月23日夜、当時の寺田屋は薩摩藩の定宿であり、すぐに尊王派志士の居場所は突き止められ、派遣された剣豪たちは、まず話し合いをするために面会を申し出ました。面会を拒絶されると、森岡らが力づくで志士たちのいる2階に上がろうと押し問答になったため、柴山愛次郎が1階で面談することになり、橋口壮介らも議論に加わります。志士たちへの説得を続けるも平行線で、「君命に従わぬなら」と派遣された剣豪・道島五郎兵衛が田中謙助を「上意」と叫び抜き打ちしたため、同志討ちの激しい斬り合いが始まりました。山口金之進も抜刀し、話し合いの先頭に立っていた柴山はその場で斬られました。これを見た橋口壮介は奈良原喜八郎、有馬新七は田中を斬った道島に斬りかかります。有馬の刃が折れたため道島に掴みかかり、近くにいた橋口吉之丞に「我がごと刺せ」と命じ、その言葉通り有馬と道島の両名を絶命させました。橋口は奮戦していましたが、奈良原に肩から胸まで斬られて倒れ、最期に水を所望して飲んだ後に息絶えました。橋口と奈良原は若き日共に剣術の鍛錬をしていた友人でした。派遣された剣豪の森岡は西田直五郎と相打ちとなり、西田は絶命し、森岡は重傷を負いました。なお、尊王派の薩摩藩士の大半はすぐに投降し、橋口吉之丞、柴山良助、西郷信吾（従道）らは帰藩謹慎を命ぜられました。結果、この事件によって幕府朝廷の久光に対する信望は大いに高まり、久光は公武合体政策の実現（文久の改革）のため江戸へと向かうことになるのです。

柴山愛次郎《しばやまあいじろう》は薩摩藩医の柴山良庵の子で名は道隆。兄の良助も寺田屋事件に連座し謹慎となり、弟の矢八は後に海軍大将・男爵になります。愛次郎は若くして藩校造士館の訓導に任命された秀才で、常に同じ志を持つ橋口壮介と行動を共にしていました。平野国臣との会見、江戸詰任命、江戸で義挙計画の仕上げを行って大坂に乗り込み、九州から同志の到着を待ち伏見の寺田屋に集まるまで橋口と一緒でした。享年27歳。

橋口壮介《はしぐちそうすけ》は薩摩藩士の橋口彦次（兼柱）の長男で、名は隷三。弟に寺田屋事件に連座した橋口吉之丞（次郎）がいます（全員同墓）。幼少の時から気骨人に優れ、文武二道を修め、特に大山綱良より薬丸自顕流を学び秀逸で、造士館の教導（藩校造士館訓導）となりました。寺田屋事件に派遣され斬り合うことになる剣豪たちと交流を深めていましたが、勤王の志を厚くし、安政以来の幕府の朝廷に対する態度に憤慨し、柴山らと尊王挙兵論に意志を固めていきました。享年22歳。

寺田屋事件で刺客として送り込まれた森岡昌純《もりおかまさずみ》。前名は森岡善助。重傷を負うも尊王志士を倒したことで名を馳せます。維新後は内務官僚となり、兵庫県権令及び兵庫県県令として、兵庫県において地租改正の断行、県会議員選挙の実施など県政に携わりました。１８８５年農商務少輔に転じ、政府出資の海運企業である共同運輸会社の社長に就任。日本郵船会社創立に伴い初代社長を務め、沿岸近海航路からやがて遠洋定期航路を可能にする基礎を築きました。以後は男爵を授爵し、貴族院議員に勅選されました。

6 二つの誘拐事件と報道の在り方

金田一春彦 ● 齋藤明

1963年3月31日、東京都台東区に住む建築業者の長男の村越吉展（当時4歳）が公園に遊びに出掛け行方不明になりました。2日後、身代金50万円を要求する電話が入ります。過去の反省から警察は報道機関に対して報道自粛を要請。日本で初めて「報道協定」が結ばれました。犯人から何度も身代金を要求する電話が入り、4月7日に被害者宅からわずか300メートルしか離れていない場所に身代金受け渡しを指定。本物の紙幣50万円を用意していた母親は近かったためすぐに行動。張り込みの捜査員もいましたが急な展開に犯人を取り逃し、身代金を奪取した犯人は逃亡。以降、犯人からの連絡も途絶え、被害者も帰って来ず。4月19日「吉展《よしのぶ》ちゃん誘拐事件」として公開捜査に切り替えます。国民的関心事になり、多くの情報が寄せられるも犯人に直接つながる有力情報がありません。そこでテレビやラジオで犯人の電話の音声を公開。番組を偶然聞いて逮捕に繋がる有力な情報を提供したのが、言語学者の金田一春彦《きんだいちはるひこ》です。

金田一春彦は東京本郷出身。父はアイヌ語研究などで著名な金田一京助。はじめは作曲家を志しますが、本居長世の神業のようなピアノ演奏に圧倒され作曲家を断念すると同時に、本居の日本語のアクセントを大事にする作曲法に触れ、父と同じ言語学者を目指します。以降、東京帝国大学に入り、日本語のアクセントを歴史的に研究。卒業後は東京方言学会に入り、全国各地の方言のアクセント調査の研究を行います。戦後

金田一春彦

1913（大正２）年４月３日～
2004（平成16）年５月19日
埋葬場所：９区２種７側29番

父の金田一京助含む代々の墓は雑司ヶ谷霊園。多磨霊園の金田一家は、若くして亡くなった妹夫妻が眠る墓で、春彦が継承した。

はＮＨＫ「ことばの研究室」の常任講師、ＮＨＫアナウンサー養成所講師などを務めました。１９５０年自ら監修に携わった三省堂の中学国語教科書『中等国語』がベストセラーとなり、３年後には日本全国の中学校の３分の１で採用されます。１９５７年に刊行した『日本語』もロングセラーとなりました。

「吉展ちゃん誘拐事件」の犯人の電話音声を聴いた金田一は、「この発音は茨城か栃木か福島だよ」と呟き、それを聞いた珠江夫人がＮＨＫに電話。朝日新聞に「青」や「三番目」という言葉のアクセントや鼻濁音の使用等から「奥羽南部」（宮城県・福島県・山形県）または茨城県・栃木県出身ではないかという推論を発表。この情報は犯人絞り込みにつながることになり、実際逮捕された犯人が茨城県と栃木県に境を接する福島県南部出身者だったことでメディアに注目されました。なお、この事件は解明まで2年3ヵ月を要し、誘拐された吉展ちゃんは誘拐されたその日に殺害されており、かつ身代金を奪取された汚点は、その後の警察の捜査の改善へと教訓となる戦後最大の誘拐殺害事件とされています。

２００４年1月31日午前9時頃、毎日新聞社長であった齋藤明《さいとうあきら》が、東京都内の自宅近くを散歩中に男6人に拉致され、車内に監禁される事件が起きました（毎日新聞社長監禁事件）。全裸にされ両手足を粘着テープで縛られて、その姿を撮影。犯人は「世間に写真をばらまかれたくなかったら社長を辞任しなさい」と脅迫。約2時間後の午前11時すぎに自宅近くで解放。自らが警視庁に届け出て事件が明るみになります。

齋藤明は京都出身の銀行家の齋藤保義（同墓）の長男で、父の赴任先の上海で生まれました。１９５９年

齋藤明

1933（昭和８）年９月30日～
2013（平成25）年６月13日
埋葬場所：20区２種36側

東京大学法学部を卒業し毎日新聞社に入社。横浜支局、社会部、政治部に勤務し、政治部副部長時代に連載した『転換期の安保』にてサントリー学芸賞受賞。その後も、政治部長、論説委員長、主筆兼東京本社編集局長、専務などを歴任し、1998年代表取締役社長に就任。2003年5月1日、毎日新聞写真部記者がイラク戦争取材中に拾ったクラスター爆弾の子爆弾を持ち帰ろうとしたところ、空港内で爆発し職員1名が亡くなる「アンマン国際空港爆発事件」が発生。社長としてすぐに現地に赴き、ヨルダン国民にお詫びとお見舞いをした迅速な対応により、アブドラ国王による特赦がなされ記者は釈放・帰国しました。

この事件から8か月後に、自分自身が拉致監禁される事件が発生。犯人は毎日新聞社の関連会社「国際観光ホテルナゴヤキャッスル」が経営する名古屋市内のホテルにコーヒー豆を納める取引業者の役員でした。犯人全員は1週間後に逮捕され、監禁と強要未遂の罪で起訴。毎日新聞は警視庁が起訴を公にする10分前までこの事件を公表せず、約1ヵ月の間、事件を伏せていたことで憶測が飛び、齋藤に対する誹謗に近い記事も出、齋藤が名誉棄損で訴えるまでに発展。齋藤は「同じ報道に携わる者としては悲しい」とコメントし、提訴された週刊誌は「報道機関が『言論には言論で』の原則を自ら捨てるのは悲しい行為」とコメント。これに対して毎日新聞は「表現の自由は最大限保障されるべきだが、記事は社会的に許される限度を超えている」とコメント。報道の在り方を考えさせられる事件となりました。

7 亡命してきた人、亡命した人

アブデュルレシト・イブラヒム ● 岡田嘉子

多磨霊園には亡命してきた外国出身者も多く眠ります。インド独立運動家のラス・ビハリ・ボースや、ロシア革命のあおりを受けて日本に亡命したプロ野球選手のヴィクトル・スタルヒン、タレントのロイ・ジェームス（これらの人物は別頁にて取り上げています）の父はトルコ系の亡命タタール人。外人墓地区には、ロシア系、欧米系、トルコ系、中国系、韓国系の墓石が建ち並びます。その中で最も世界的に著名な政治亡命者であるイブラヒムの墓石も建ちます。

アブデュルレシト・イブラヒムはロシア・シベリアのトボリスク県タラ郡出身。ブハラ系タタール人ウラマー。故郷で教師をしていましたが、ロシア帝政を批判する論説活動を展開。1905年ロシア第一革命後、タタール語紙『ウルフェト』を刊行、ロシア・ムスリム連盟を設立し中心的役割を果たしますが、政府が非ロシア人政治活動の取締まりを強化したため国外脱出しました。以降、中央アジアのブラハ、サマルカンド、セミレチエ、シベリア、モンゴル、満州、日本、韓国、中国、シンガポール、インドネシア、インド、ヒジャーズを巡る大旅行を行い、『イスラームの世界』を著して紹介。日本には1909年2月から約半年間滞在し、伊藤博文、大隈重信ら要人との会見、学校等での講演、イスラームの紹介などを行いました。日本での体験の詳細な見聞記述はイスラームの世界での日本観に大きな影響を与えたといわれています。191

岡田嘉子
1902（明治 35）年４月 21 日〜
1992（平成４）年２月 10 日
埋葬場所：６区１種７側 53 番（山本家）
墓所内に滝口新太郎と岡田嘉子の自筆で「悔いなき命をひとすじに」と刻む墓誌碑が建つ。墓石は以前「岡田家之墓」であったが現在は「山本家之墓」である。

アブデュルレシト・イブラヒム（Abdurreshid Ibrahim）
1852（嘉永５）年〜
1944（昭和 19）年８月 17 日
埋葬場所：外国人墓地区１種別後
墓石はアラブ語で刻むため判読できないが、一番下の台座に「KADI&HADJI ABDURRESHID IBRAHIM」と刻む。

7年ロシア革命によりロシア帝政が打倒されると、当初はソビエト政権との連携を図りましたが諦め、トルコに移るも共和政下のトルコでは冷遇されました。そんな折、１９３３年日本から招聘を受けて再訪日し、以後は亡くなるまで日本で東京回教寺院（東京ジャーミイ）設立、２代目イマーム（実質的には初代）、タタール雑誌『新日本通報』を発行、アラブ語教室を開くなどイスラーム文化の普及活動に尽力しました。

　世界の混乱時に日本に亡命してくる外国人がいる中で、外国に亡命した日本人もいます。女優として活躍していた岡田嘉子《おかだよしこ》です。

　岡田は広島県出身。父は新聞記者で、オランダ人のクォーター（母方）。一家は小学校を8回も転校するほど転々とし、１９１７年に父が北門日報主筆になったことを機に北海道小樽へ共に渡りました。翌年同社に記者として入社。１９１９年に父が劇作家の中村吉蔵と縁があり、父に連れられ上京して中村の内弟子となります。中村が松竹と提携し新芸術座を旗揚げし、嘉子は有楽座カルメンの端役で初舞台を踏みました。新芸術座はすぐに解散となり、新文芸協会に身を置きます。１９２１年の舞台協会帝劇公演での「出家とその弟子」の芸妓楓で一躍脚光をあび、新劇のスター女優として注目され、翌年から日活向島と契約。『髑髏の舞』で映画初主演、新派スターとして注目されるも、関東大震災のため日活向島が閉鎖。日活京都撮影所と契約し『街の手品師』で高い評価を得、続く『大地は微笑む』もヒットとなり、モダンで妖艶な新しい女優として、この年の映画女優人気投票でトップとなりました。１９２８年には岡田嘉子一座を結成し各地を巡業しています。

映画に舞台に活躍していましたが、１９３６年演劇道場に参加し左翼演劇新協劇団の演出家・杉本良吉を知り、恋におちます。軍国主義の影響で表現活動の統制が行われるようになり、また杉本は共産主義者でありプロレタリア運動に関わり執行猶予の身。二人が出した答えは愛を貫くためソ連への亡命でした。１９３7年12月27日に上野駅を出発し、北海道を経て、樺太国境を越えソ連に入ります。意外なカップルのセンセーショナルとして各紙新聞に「恋の逃避行」と見出しが躍り、謎の越境と日本中を驚かせました。

不法入国した二人は、入国３日目にして拘束され、離され、ＧＰＵ（現ＫＧＢ）の取調べを受け、スパイ容疑として独房に収容されます。１９３９年に杉本はスパイ容疑として銃殺刑（長年獄中病死とされていた）。嘉子は10年間強制収容所に幽閉され、１９４7年に釈放後も日本へ敢えて帰国せず、モスクワ放送局で日本語アナウンサーとなりました。

１９５０年、戦争捕虜から抑留され釈放後もソ連に残留し、嘉子と同じアナウンサーになっていた、かつて共演経験もある日活俳優の滝口新太郎（同墓）と結婚。アナウンサーとして日本のテレビに出演していたこともあり、当時の東京都知事の美濃部亮吉（25区1種24側1番）らの国を挙げての働きかけにより、１９7２年、亡くなった夫の滝口の遺骨を抱いて34年ぶりに日本の地を踏みます。いったんソ連へ戻るも、１９7４年に再来日し、以後日本の芸能界に復帰。１９８６年ソ連でペレストロイカによる改革が始まったことを機に、国籍のあるソ連へ再び戻り、モスクワの自宅で死去。享年89歳。モスクワ日本人会の手で故国に帰り多磨霊園に埋葬されました。

8 亡命者を救った人たち

大迫辰雄 ● 相馬愛蔵 ● ラス・ビハリ・ボース ● 内田良平

杉原《すぎはら》千畝《ちうね》の名前を聞いたことがある人は多いと思います。1939年、リトアニア在カウナス日本領事館領事代理に着任し、翌年より外務省の訓命に反し「人道上、どうしても拒否できない」という理由で受給要件を満たしていない者に対しても独断で通過査証の発給を始め、ナチス・ドイツに迫害されていたユダヤ人たちを救うため「命のビザ」を書き続け、その数6千人もの命を救ったという人物です。

ここまでの話は有名ですが、ビザを得たユダヤ人難民たちがどういう経路で逃げたのか、その後どうなったのかまで詳しく語れる人は少ないでしょう。ビザを得ることで国外脱出を果たしたユダヤ人難民は、シベリア鉄道に乗りウラジオストクに到着。その後、船で福井県敦賀市に入り、日本到着後は横浜、神戸港などから上海、アメリカ、カナダ、アルゼンチン、パレスチナへと脱出を試みたのです。

着の身着のまま逃げてきたユダヤ人たちの資金面やエスコート、特にウラジオストクから日本に入る船の手配などはどうしたのでしょうか。実は在米ユダヤ協会では、悲惨な同胞を一人でも多く助け出したいとユダヤ難民救援会を組織し、同協会の保証を条件としてアメリカ政府の許可の下、ウォルター・プラウンド社（後にトーマス・クック社に合併）を通じて、ジャパン・ツーリスト・ビューローのニューヨーク支店に斡旋の協力を依頼し、東京本社が要請に応えた背景があります。1940年9月10日、この会社の入社2年目

相馬愛蔵

1870年11月8日（明治3年10月15日）～
1954（昭和29）年2月14日
埋葬場所：8区1種5側3番
同墓には妻で随筆家の相馬黒光、長男の中村屋2代目社長で盲導犬普及活動に従事した相馬安雄も眠る。

大迫辰雄

1917（大正6）年～
2003（平成15）年6月17日
埋葬場所：11区2種32側

の大迫辰雄《おおさこたつお》がアシスタント・パーサーという立場で、ユダヤ人輸送のため旧ソ連・ウラジオストク—敦賀間の輸送船の乗組員に配属されました。

大迫は東京出身。青山学院大学卒業後、外国人観光客を日本に誘致する目的の旅行会社ジャパン・ツーリスト・ビューロー（後の日本交通公社、ＪＴＢ）に入社し添乗員となります。大迫は乗船してくるユダヤ人を見てビューローマンとして責任を持って日本に送り届けようと決意。１９４０年９月から41年６月まで、片道２泊３日の荒れ狂う日本海の航路を29回往復し、約６千人にも及ぶユダヤ人の出航前・下船後の手続きや乗客の世話などで中心的な役割を担いました。日本海の海は荒く体調を崩し病人が続出する中、ユダヤ人一人ひとりのリストをもとに船内で確認作業、献身的に寄り添い支えました。またユダヤ人協会から会社に送られてきた現金を配り、更には日本上陸後の宿の手配も行いました。日本にたどり着いたユダヤ人の多くは「敦賀が天国に見えた」と言っています。大迫の行動を見たユダヤ人の「なぜ民間人の貴方が親切にしてくれるのか」という質問に、「安全に日本に届けるのが私の役目です」と答えたといいます。後に大迫はユダヤ系の新聞に〝救世主〟と紹介されています。

自分の国を追われ日本に逃れてきた亡命者をかくまったのは新宿中

内田良平
1874（明治７）年２月11日～
1937（昭和12）年７月26日
埋葬場所：14区１種９側
同墓には父で筑前勤皇党の志士の内田良五郎、兄で実業家の内田忠光も眠る。

ラス・ビハリ・ボース
1886（明治19）年３月15日～
1945（昭和20）年１月21日
埋葬場所：１区１種６側12番

村屋の相馬《そうま》愛蔵《あいぞう》です。長野県出身。１９０１年に東大赤門前の本郷中村屋を譲り受けてパン屋を始め、１９０４年「クリームパン」「クリームワッフル」を創案。１９０７年新宿に支店を開設し、１９０９年より新宿の支店を現在地に移し本店としました。店の裏にアトリエをつくり多くの文化人の交流の場の提供もしていました。出入りする人が多かったことから、国を追われた芸術家や亡命者の保護も行います。

１９１５年、インドから亡命したインド独立運動の志士ラス・ビハリ・ボースを筆頭に、韓国の林圭、ロシアの詩人ニンツア、盲目の詩人エロシェンコが身を寄せます。１９２３年の関東大震災時には朝鮮人の保護もしました。新宿中村屋は身を寄せる異人から学び、インド式カリー、ボルシチ、中華饅頭、月餅、ロシヤチョコレート、朝鮮松の実入りカステラなどの新製品を考案。これら国際商品は、新宿中村屋のデパートの進出の成功の後押しとなりました。

ラス・ビハリ・ボースはインドのベンゴール出身。階級の厳重なインドでボースの家は四階級の第二なる王族階級でした。１９０８年、祖国をイギリスの圧制より救うため民族革命運動に身を投じ、１９１２年、ラホールにて印度総督ハーディング卿に爆弾を投げて暗殺未遂事件を起こします。英国政府はボースの首に１万２千ルピーの懸賞金をかけました。１９１５年日本に亡命。日英同盟の関係で大隈内閣はボースに国外退去を命じましたが、アジア運動庇護者の頭山満や内田《うちだ》良平《りょうへい》を介して、新宿中村屋にかくまってもらいます。相馬がボースを保護したきっかけは、たまたまパンを買いに来て慣れ染みとなっていた内田良平の友人に、国外退去処分で追われていたボースをかくまってもいいと語ったことからといいます。

ボースは日英同盟が破棄され自由になると、連絡役をつとめてくれていた相馬の長女の俊子と結婚。日本に帰化し「防須」と名乗りました。戦時中はインド独立運動総裁として日本に協力。しかし、俊子は過労で28歳の若さで没し、一人息子も戦死、ボースもインド独立前に亡くなりました。没2年後の１９４７年、インドは独立を成就しました。

内田良平は福岡出身。国家主義運動家として黒龍会を組織し、日露開戦を主張。また日韓合邦を推進した黒幕として活動。辛亥革命に際しては孫文を助け、革命派を援助しました。後に大日本生産党総裁に就任。常に国家主義の代表者として国民運動の中心的存在でした。

9 珍しい死

8代目坂東三津五郎・平賀義質・鳥居忠一・ミラ・ベル・ムーン・田山花袋

亡くなり方は様々ありますが、今回は珍しい死に方をしてしまった人を紹介します。

歌舞伎俳優の8代目坂東《ばんどう》三津《みつ》五郎《ごろう》は食通ぶりが仇となり、１９７５年、京都の割烹でトラフグの肝を４人分も食べて、フグ中毒で亡くなってしまいました。８代目三津五郎は東京出身。７代目三津五郎の養子で本名は守田俊郎。１９１３年に3代目坂東八十助で初舞台、28年に6代目坂東蓑助を襲名。新劇場、東宝劇団などを結成し独自の活動を経て、関西歌舞伎で活躍。61年に東京松竹に復帰。均整のとれたキメの細かな芸風で舞踊に優れていました。62年に8代目三津五郎を襲名。歌舞伎界の故事、先達の芸風に詳しく、「歌舞伎の生字引」といわれ、73年には人間国宝となりました。

なお、このフグ中毒事件で、フグを提供した調理師は業務上過失致死罪に問われ、一審で禁固八月（執行猶予二年）。大阪高裁の控訴審では、一審判決は被害者の名声ゆえに厳しすぎ、被害者も好んで食べ疲労もあったと、禁固四月（執行猶予二年）の減刑判決を受けました。

８代目坂東三津五郎
1906（明治 39）年 10 月 19 日～
1975（昭和 50）年 1 月 16 日
埋葬場所：１区１種６側８番（守田家）
同墓には江戸時代前期の元祖森田勘弥から 14 代目守田勘弥、７代目～９代目坂東三津五郎、３代目坂東玉三郎（守田きみ）も眠る。

鳥居忠一

1881（明治14）年7月30日～
1939（昭和14）年1月10日
埋葬場所：12区1種7側1番

平賀義質

1826（文政9）年8月1日～
1882（明治15）年4月4日
埋葬場所：20区1種16側15番
「故正六位平賀義質之墓」と刻む。1940年7月に平賀義美が青山墓地から多磨霊園に改葬した。

長男が自殺し現場に駆けつけた際に、喉が渇いたのでそこにあった長男が自殺に使用した毒水を誤って口にしてしまい、その場で絶命してしまったのが、幕末・明治初期に裁判官として活躍していた平《ひら》賀《が》義《よし》質《ただ》です。

義質は筑前福岡藩士の平賀源六の子で、通称名は磯三郎。藩命を受けて長崎で西洋学を研究し、１８６７年、藩命でアメリカに遊学し国情に精通します。１８７０年官途に入り司法省判事となり、岩倉使節団にも加わり再び渡米。帰国後は函館裁判所長や検事局判事を歴任しました。

１８８２年、先の自殺と事故で長男と父も失い、平賀家の家督者がいなくなったため、石松決《いしまつさだむ》が親戚筋から推薦され、平賀義美《よしみ》と改名し家督を継ぎました。平賀義美（同墓）は化学者・実業家として明治の商工業界に多大な貢献をなした人物です。

１９３９年、伯父の葬儀の帰宅中に、車を運転していた子爵で農園家の鳥居忠一《とりいただかず》と夫人の寛子、陸軍騎兵大佐で子爵の三宅忠強は、京王線の幡ヶ谷—笹塚間の踏切に差し掛かったところ、上り電車が突っ込み、車は30メートル引きずられ、下り電車にも突っ込まれ、三人とも即死する事故に見舞われました。

鳥居忠一は下野壬生３万石藩主の鳥居忠宝の孫で、父の忠文は貴族

田山花袋

1872年1月22日(明治4年12月13日)～1930（昭和5）年5月13日

埋葬場所：12区2種31側24番

「田山花袋墓」の刻は島崎藤村筆。

ミラ・ベル・ムーン（Mira Belle Moon）

1874（明治6）年12月14日～1935（昭和10）年2月13日

埋葬場所：11区1種9側7番

院議員を務めた華族です。１９１１年、東京農業大学を卒業し、三井合名会社に入り戸越農園主任となります。大日本園芸組合顧問、高級園芸市場組合長を務めていました。同乗して亡くなった婦人の寛子は財閥の三井家出身で、三宅忠強は三河の田原藩主の系統。まだ貴族の乗り物であった自動車の列車事故は大ニュースとなりました。

ミラ・ベル・ムーンは英語教師・宣教師として、１９１１年に来日しました。アメリカンスクールや正則英語学校で英語を教え、協力宣教師として青山学院講堂にて日曜日に行われた英語バイブルクラスは毎週１００名を超す出席者を集めました。１９３１年より府立第八中学校に招かれ教師をします。

１９３５年2月11日午後0時半頃、東京青山にて市電停留所付近で通りすがりのタクシーにはねられ重傷を負い、敗血症を併発し亡くなりました。亡くなる直前まで運転手の身の上を案じ続け、運転手が罪に問われないようにと遺言していました。後にこの遺言を知った運転手はキリスト教を信仰するようになり、地元の青果店主人は感激して、ここ多磨霊園にお墓を建之しました。

最後に『蒲団《ふとん》』など自然主義文学作品を数多く発表した作家の田山《たやま》花袋《たい》の逸話を紹介します。

１９３０年、病床で憔悴した花袋の所に、島崎藤村が見舞いに訪れました。藤村が花袋に「この世を辞してゆくとなると、どんな気持ちがするものかね」とまじめに死ぬ気分を質問しました。花袋は「なにしろ、誰も知らない暗いところへ行くのだから、なかなか単純な気持ちではない」と返答。「苦しいかね」「苦しい」という会話がなされた2日後に花袋は亡くなりました。

田山花袋は現在の群馬県館林市出身。本名は録弥。兄が塾頭を務めた吉田陋軒の漢学塾で学び始め、漢詩文を雑誌に投稿するなど、文学に目覚めていきました。１８８６年一家で上京。１８９１年尾崎紅葉に入門し、江見水蔭の指導を受け、小説家を志し、小説『瓜畑』を発表。１８９２年より号を「花袋」としました。博文館に入社し校正を担当しながら執筆も続け、１９０２年『重右衛門の最後』は文壇で注目されました。日露戦争では第二軍写真班員として従軍。帰国後、博文館から『文章世界』が創刊されると主筆となります。新しい文学を試み、１９０７年に中年作家の女弟子への複雑な感情（若い娘への中年の妄想）を描いた短篇小説『蒲団《ふとん》』を発表し、文壇や読者に衝撃を与え、自己を赤裸々に告白した作品として好評を博し、自然主義文学の先駆・私小説のさきがけとなり、近代文学界に大きな足跡を残しました。

翌年より『生』『妻』『縁』の三部作、『田舎教師』と発表した小説が立て続けにヒットし、島崎藤村と並んで自然主義の代表的な作家となりました。40歳を機に博文館を退社し、小説を発表する傍ら、紀行文も秀逸であり、また全国の温泉巡りの趣味が高じて、温泉に関する本も多数執筆しています。晩年は『源義朝』など歴史小説、心境小説を発表しました。

第8章

日本最大のクーデタ事件「二・二六事件」と多磨霊園

1

「昭和維新」の断行

高橋是清

「二・二六事件」は、1936（昭和11）年2月26日から29日にかけて、大日本帝国陸軍内の派閥・皇道派の影響を受けた陸軍青年将校らが1483名の下士官兵を率いて起こした反乱事件です。「昭和維新断行尊皇討奸」を掲げ、明治維新のような天皇を中心とした近代的民主国家の復元のため、武力を以て元老重臣を殺害すれば天皇親政が実現し腐敗が収束すると考えたのです。この二・二六事件に関わった人物たちが多磨霊園に眠っています。まずは高橋是清を紹介します。

高橋是清《たかはしこれきよ》は岡田啓介の内閣にて7度目の大蔵大臣に就任します。主導してきたリフレーション政策はほぼ所期の目的を達しましたが、高率のインフレーションの発生が予見されたため、これを抑えるべく、軍事予算の縮小を図ったところ軍部の恨みを買い、標的の一人とされてしまいました。結果、赤坂の自宅2階で反乱軍の青年将校らに胸を6発撃たれ暗殺されてしまいます。是清はその容姿から「ダルマ」と愛称されていましたが、彼の人生はまさにダルマのような七転八倒でした。

高橋是清は江戸芝中門前町（東京都港区芝大門）出身。幕府御用絵師の川村庄右衛門（当時47歳）と、行儀見習いのために川村家へ奉公していた、きん（当時16歳）の不義の子として生まれます。生後間もなく仙台藩士の高橋覚治是忠の養子となりました。1867年藩留学生としてアメリカに渡ります。その時に仲介をしたアメリカ人貿易商には学費や渡航費を着服され、ホームステイ先の両親に騙され意味も分からずサインをさせられたところ、それが奴隷契約書であり、オークランドのブラウン家に売られました。奴隷として働かされましたがお蔭でネイティブな英語を身に付けることができ、1年後に脱出して帰国します。

本場事込みの語学力が認められ、文部省に入省し十等出仕となって、16歳で英語教師として教壇に立ちました。共立学校では初代校長も一時務めています。しかし、若気の至り、酒と芸者遊びに溺れ教師をクビとなり、芸者の太鼓持ちになります。体たらくに溺れていたところその能力がもったいないと仲介され、農商務省の外局として設置された特許局の初代特許局長に抜擢され就任します。お金に不自由しなくなった是清は更に資産を増やそうと、一攫千金を狙いペルーの銀山開発に乗り出しましたが、すでに廃坑の銀山をつかまされ詐欺にあい失敗、一文無しになります。失意の底に沈んでいた是清に、才覚を認めていた川田小一郎が声をかけ、日本銀行に入行。日露戦争開戦時には日銀副総裁として戦費調達のために戦時外債募集を行い、ジェイコブ・シフなどの人脈が外債を引き受け、公債募集は成功、13億円もの戦費調達を成功させました。

高橋是清

1854年9月19日（嘉永7年7月27日）～1936（昭和11）年2月26日

埋葬場所：8区1種2側16番

以後は、貴族院議員に勅選され、男爵となり（後に子爵）、日銀総裁に就任、7度の大蔵大臣、農商務大臣、内閣総理大臣などを歴任しました。

二・二六事件の舞台となった高橋是清邸は、1902年に港区赤坂7丁目に建築されました。事件から2年後に遺族から東京市へ寄贈されます。主屋部分は3年後、是清が眠る多磨霊園に移築され、有料休憩所「仁翁閣」として1975年まで活躍しました。1993年江戸東京たてもの園（小金井公園内）に復元され、現在に至ります。

2 首相官邸襲撃と岡田首相救出作戦

岡田啓介

1934年7月8日、岡田啓介《おかだけいすけ》は、第32代内閣総理大臣に任命されました。岡田内閣は官僚的な色彩を強め、在任中に美濃部達吉の天皇機関説をめぐる国体明徴問題が起こり、倒閣を狙う陸軍の皇道派、箕田胸喜など平沼騏一郎周辺の国家主義勢力、立憲政友会などから攻撃された他、在満機構改組問題、日本の華北進出、日本の海軍軍縮条約廃棄など多くの難問をかかえていました。

岡田啓介は福井県出身。福井藩士の岡田喜藤太の長男。旧制福井中学卒業後、共立学校に入学。その時の英語教師は高橋是清です。その後、軍人を目指し海軍士官学校を卒業（15期）。日清戦争従軍後に海軍大学校を卒業（2期）し、日露戦争の日本海海戦に参加。水雷学校長、春日・鹿島両艦長、水戦司令官、海軍省人事局長、艦政局長、海軍艦政本部長、海軍次官などを歴任し、第一艦隊兼連合艦隊長官に就任。田中義一や斎藤實の両内閣で海軍大臣を務め、海軍軍備の拡大に努力し、総理大臣となりました。

1936年2月26日、首相官邸で岡田は非常ベルの音で午前5時頃に目が覚めました。前夜に福井から上京して泊まっていた陸軍歩兵大佐で義弟の松尾伝造が血相を変えて寝室に飛び込んできます。松尾は岡田の手をひいて庭に飛び出しましたが、すでに兵士がいたため再び官邸の中に逃げ込み、台所から浴室に入ります。すでに邸内にも兵士がたくさんおり、外に逃げられそうもありません。

岡田啓介

1868年2月14日（慶応4年1月20日）〜1952（昭和27）年10月17日
埋葬場所：９区１種９側３番
没後、昭和天皇より御沙汰書と呼ばれるご弔辞を賜る。岡田家の墓所内には、「御沙汰書」の碑が建つ。同墓には長男で海軍大佐の岡田貞外茂も眠る。

首相官邸を襲撃した栗原安秀中尉率いる歩兵第一連隊は、護衛警官の村上嘉茂左衛門巡査部長や土井清松巡査、小館喜代松巡査、清水与四郎巡査と市街戦さながらの銃撃戦を繰り広げ射殺。松尾は岡田を炊事場に避難させ、中庭に出て戸袋のかげに身を寄せて隠れていましたが、すぐに発見され、第三小隊を率いていた林八郎少尉の命により2発の銃弾を受けました。松尾は鮮血にまみれながら壁に寄りかかるように正座します。現場に駆けつけた栗原はすぐにとどめをさすように命令しましたが、凄い形相に圧倒され引き金を引くのに時間がかかったといいます。反乱兵は容姿が似ていた松尾を岡田と間違え、松尾の殺害をもって目的を達成したと勘違いしました。一部始終を目撃していた岡田は、相手が油断している間、寝室に入り着替えをし、女中部屋の押し入れに隠れます。

事件が起きたとき、迫水久常秘書官は首相官邸に隣接する官舎の2階で「とうとう仕留めたぞ」という反乱兵の叫びを聞き、いても立ってもおれず、憲兵に「首相の遺骸でもいいから見られるように処置してくれ」と頼みました。栗原の許可も取り、福田耕秘書官と共に官邸に入ります。首相の寝室で遺骸を見た瞬間、迫水はその遺骸はすぐに松尾大佐であることが確認できました。しかし、反乱兵はその事実に気がついていないため、総理は生きているに違いないとも確信しました。もっともらしくハンカチで目頭を押さえながら寝室を出る際に、栗原が「総理の死体に間違いありませんね」と聞いてきました。「相違ありません」と福田が答え、「女中が二人いたはずだが」と切り返しました。栗原は女中を引き取るようにと伝え、迫水と福田は女中部屋に案内されます。女中部屋には押し入れの襖を背にして秋本サクと府川キヌが正座していました。迫水が「怪我はなかったかね」と言葉をかけたところ、サクは「お怪我はございませんでした」と返答。その言葉で迫水は、総理は無事であり、押し入れの中にいるに違いないと察知します。とっさに大きな声で部屋に付いてきた林少尉に「では総理の最期の状況を話して下さいませんか」と言って部屋を出ました。この間、福田がサクに総理の安否を確認しています。岡田の生存を確認した迫水は、湯浅内大臣に報告し、湯浅から天皇にも奏上されました。

岡田の生存は迫水たちよりも先に憲兵隊が確認していました。青柳憲兵軍曹と篠田憲兵上等兵が、女中が押し入れの前に座って動こうとしないことを不審に思い、強引に唐紙を開けたところ、岡田が胡坐をかいていました。すぐに唐紙を閉め篠田は「そのままにしておきなさい」と言い残し、立ち去ります。篠田は上官の小坂慶介曹長に報告し、小坂は反乱軍に悟られないように確認作業を行った結果、岡田首相であることを確証。この事実を森分隊長に報告し、迫水と福田と共に共同救出作戦を行うこととなります。

翌日、福田は栗原に遺族や親戚の弔問許可をとります。弔問客には年寄りばかり10人集め、絶対に声を出さないようにと誓わせます。反乱軍の切れ間を見計らって、小坂の合図で、女中部屋の付近に佇んでいる青柳が岡田を女中部屋から出し、小坂は岡田を、病人をいたわるように抱え外に出しました。小坂は「遺骸を見ちゃあいかんと言ったのに、仰天したんだ、困った老人だ」と、わざと門番をしていた反乱軍に聞こえるように言い、早く病院まで連れていくと自動車を呼び寄せ、その車に福田も飛び乗り脱出を成功させます。

岡田は二・二六事件の責任を負い3月9日内閣総辞職。太平洋戦争中は和平工作を画策し、戦争終結に尽力。1952年サンフランシスコ講和条約が調印され、日本が独立復帰した直後に逝去しました。享年84歳。

3 首相官邸襲撃側の目線

林八郎

林八郎は二・二六事件の際に首相官邸襲撃の指揮を執った青年将校です。決起将校の中で21歳の最年少でした。本籍は山形県鶴岡市。東京で生まれます。父は上海事変で戦死し軍神と称された陸軍少将の林大八(同墓)。祖父も軍人で、年少の頃から忠君愛国の精神をたたき込まれて育ちます。しかし、兄が左翼運動に走ったこともあり、国家改造の影響を受けた急進派でもありました。

東京府立第四中学、仙台陸軍幼年学校を経て、1935年陸軍士官学校卒業(47期)。歩兵第一連隊第一中隊付歩兵少尉に任官。ここで栗原安秀中尉に直接行動への眼を開かれ、武力による決起を本格的に志向しだします。任官して1年も経たずして二・二六事件を迎えました。事件当日の林八郎は第一隊に属しました。第一隊の指揮を執る栗原中尉の第三小隊を率いることになります。なお、第一小隊は栗原自身、第二小隊は池田俊彦少尉、機関銃小隊を尾島健次曹長が率いました。

午前5時頃、襲撃部隊は岡田啓介内閣総理大臣がいる首相官邸に侵入。林八郎率いる兵は裏門から侵入しました。官邸の玄関で襲撃隊を阻止しようとした小館喜代松巡査をその場で殺害。官邸内の非常ベルが鳴り響く中、岡田啓介の義弟松尾伝蔵が官邸内の電灯を消してまわります。松尾と警備の警官の土井清松巡査は首相の寝室に飛び込んで岡田を連れ出します。この時、庭の非常口近くは清水与四郎巡査が守っていました

林八郎

1914（大正３）年９月５日～
1936（昭和11）年７月12日
埋葬場所：７区１種13側23番

林家の墓所には「林家累代之墓」、「陸軍少将 林大八墓」と石柱の墓の三基が建つ。林大八墓の建之者として林八郎の名を見ることができるが、墓誌に林八郎の名前は刻まれていない。

が機銃弾に倒れました。岡田首相の外への脱出を諦め、駆けつけた村上加茂衛門巡査部長と三人で岡田首相を浴場に隠します。その後三人は廊下で応戦。村上巡査部長は椅子を盾に拳銃で応戦していましたが射殺されます。土井巡査は林八郎に組み付きましたが、他の兵隊に後ろから切り伏せられました。松尾は中庭で射殺された後に寝室に運ばれ、そこにあった岡田首相の写真と比べられましたが、写真の上にはめ込まれていたガラスに眉間の辺りからひびが入っていたこともあり、そのまま岡田首相だと断定。

決起が達成され安堵している反乱軍のもとに迫水久常首相秘書官と福田首相秘書官が遺骸確認に来ます。林は立ち合いを担当。翌日の岡田首相救出においても、若干21歳の若者には救出者の演技を見破ることはできず、岡田首相の脱出を許すことになりました。

襲撃後、昭和天皇が重臣を殺害しこれを正当化する反乱将校に激怒し、灰色決着を許さず、武力鎮圧を強固に命じ、天皇自ら近衛部隊を率いて反乱軍と戦うと発言します。29日に討伐命令が発せられ、攻撃開始命令が下されます。反乱部隊は帰順し投降しました。林ら襲撃部隊を率いた将校たちは叛乱罪で死刑判決を受け、７月12日渋谷区宇田川町の陸軍衛戍刑務所の隣にある代々木練兵場にて処刑されました。享年21歳。

処刑22名のうち、首謀者の北一輝を除いて全員は「天皇陛下万歳」と叫び、日本国の発展を願って断頭台に立ちました。林八郎の死刑執行を撃ったのは同期の真藤少尉でした。処刑後、東京都渋谷区神南に「二・二六事件慰霊塔」、麻布賢崇寺に「二十二士の墓」が建立され、毎年２月26日と７月12日の２回、麻布賢崇寺で「二・二六事件の法要」が行われています。その法要では真藤少尉が尺八献奏を行なっていました。

4

首相官邸襲撃事件に関わった人たち

村上嘉茂左衛門・土井清松・迫水久常

二・二六事件の首相官邸襲撃にて４名の護衛警官が命を落としました。村上嘉茂左衛門《むらかみかもざえもん》巡査部長、土井《どい》清《きよ》松《まつ》巡査、小館喜代松巡査、清水与四郎巡査です。湯河原の旅館に滞在中の牧野伸顕前内大臣の警護を担当していた皆川義孝巡査も命を落としたので、二・二六事件で命を落とした護衛警官は５名です。

岡田首相を守るために命を落とした護衛警官の村上嘉茂左衛門と土井清松の墓所は、隣同士並んで墓石が建ちます。両墓所内には二・二六事件で狙われ難を逃れた内務大臣の後藤文夫から贈られた「警察官吏及消防官吏功労記章」授章までの過程が刻まれる殉難碑が建ちます。

村上嘉茂左衛門
1888（明治21）年～
1936（昭和11）年2月26日
埋葬場所：12区1種15側

岡田首相救出作戦に一役買った総理大臣秘書官を務めていた迫水久常《さこみずひさつね》。

迫水夫人の万亀は岡田啓介の次女、また岡田の後妻の郁は迫水の父親の妹、つまり叔母に当たります。義父の岡田啓介の側近として日本国の中枢を見てきた人物であり、終戦当時の回想は、二・二六事件当時の話と合わせて１９６４年に著書『機関銃下の首相官邸』に発表したほか、内外のドキュメンタリー番組出演や公開講演でたびたび行いました。国立国会図書館東京本館に、二・二六事件および終戦当時を証言した迫水の

迫水久常

1902（明治35）年8月5日〜
1977（昭和52）年7月25日
埋葬場所：9区1種8側

同墓には妻で岡田啓介首相の次女の万亀、長男で大蔵官僚の迫水久正も眠る。

土井清松

1904（明治37）年〜
1936（昭和11）年2月26日
埋葬場所：12区1種15側

インタビューの録音テープが保存・公開されています（インタビュー当時は二・二六事件や宮城事件の関係者が存命していたので、関係者の迷惑にならないよう30年後に公開することを条件にインタビュー・録音に応じた）。事件当日の状況を鮮明に伝える貴重な資料となっています。

迫水は鹿児島県出身。東京帝国大学法学部法律学科卒業後、大蔵省に入り、欧米駐在財務書記、甲府税務署長などを歴任。大蔵事務官と兼務し岡田啓介首相秘書官を務めている時に二・二六事件に遭遇。その後は、大蔵省金融課長、企画院課長、銀行保健局長などを務め、戦時中は総力戦研究所員となり、戦時下少壮革新経済官僚として頭角を現わします。かたわら岡田啓介に情報を提供し、東條内閣打倒工作に協力、また鈴木貫太郎内閣の書記官長として終戦の実現に努めました。

戦後は、１９５２年自由党より衆議院議員、１９５６年より参議院議員になり、第一次・第二次池田内閣で経済企画庁長官・郵政大臣に就任しました。自由民主党参議院幹事長や財団法人日本盲導犬協会初代理事長も務めます。大の飛行機嫌いであり、自宅がある東京と選挙区の鹿児島との往復は必ず列車での移動を徹底していました。

5 斎藤實内大臣襲撃

斎藤實

二・二六事件では首相官邸以外にも他の部隊が元老重臣を襲撃しています。内大臣であった斎藤實《さいとうまこと》は私邸で襲撃され殺害されました。

斎藤は海軍大将であり第30代内閣総理大臣を務めた重鎮。陸軍の関東軍による満州事変などの混迷した政局において軍部に融和的な政策をとり、満州国を認めなかった国際連盟を脱退、帝人事件による政府批判の高まりから内閣総辞職をしましたが、天皇の側近たる内大臣の地位にあったことから襲撃を受けました。

斎藤は陸奥国、現在の岩手県水沢市出身。水沢藩士・留守家臣の齋藤耕平の長男。海軍兵学校卒業（6期）後、アメリカ留学を経て、初代アメリカ公使館付武官に任命され、政官財界要人の案内や用務援助、重鎮の欧州視察の通訳などに抜擢され、国際感覚を磨きます。

1892年、35歳の時に海軍重鎮の仁禮景範の娘の春子（15歳年下）と結婚しました。日清戦争は侍従武官として、日露戦争では海軍次官に抜擢され、その後も軍政畑を歩みます。第一次西園寺内閣で海軍大臣として初入閣後、5代内閣に留任して在任8年3か月務めました。しかし、在任中に海軍の汚職事件「シーメンス事件」に関わる一連の問題の責任をとらされ、55歳の時に予備役編入で第一線から退けられました。

一線を退き5年の歳月が経ち、北海道十勝で農業をやりながら余生を送っていた矢先、原敬内閣で朝鮮総督就任の打診があり、原総理自身が説得に訪れたことで政界復帰を果たします。首席全権委員としてジュネーブ海軍軍縮会議に参加、枢密顧問官などを歴任し、総理大臣となりました。斎藤が総理大臣としての心構えを書にしたためた言葉にはこうあります。「忍耐は人の宝なり　人に接するには　調和を旨とし　謙譲なる態度を忘るべからず　優越観念は　深く自己の胸底に収め　他に対しては平凡中庸を以てし　自然に他をして敬服せしむるを要す」

斎藤實
1858年12月2日（安政5年10月27日）～1936（昭和11）年2月26日
埋葬場所：7区1種2側16番
墓石は「従一位大勲位子爵齋藤實墓」と刻む。水沢大林寺・小山崎墓地にも分骨されている。天皇陛下より誄《るい》を賜り、墓石右側には「御誄」の碑が建つ。

１９３６年2月26日、斎藤邸襲撃部隊のリーダー坂井直中尉は、歩兵第三連隊第一中隊２１０名を率いて、警視庁占拠の野中隊より一足早い午前4時10分に営門を出ました。この坂井隊は小銃8分隊、軽機関銃8分隊、機関銃4分隊の編成で、これを第一突撃隊（坂井、麦屋清済少尉）、第二突撃隊（高橋太郎少尉、安田優少尉）、警戒隊と分かれました。この警戒隊の指揮は末吉常次曹長が執る予定でしたが、出発直前で兵器係の中島正二軍曹と共に逃げ出し、第一中隊長矢野正俊大尉宅に駆け付け、坂井中尉が部隊を連れだすことを知らせてしまいます。後に引けない坂井は、警戒隊は各分隊長責任として決行に臨みました。

斎藤私邸は四谷見附に近い四谷仲町三丁目（現在の新宿区若葉一丁目）。正面は簡単に開いたため、急きょ全部隊が正面から入ります。邸内には30名近い警官が詰所にいましたが、突撃隊の殺到に仰天し、たちまち武装を解除。突撃隊は軽機関銃などで雨戸を壊し乱入し、斎藤夫妻がいる2階の寝室に向かいました。

春子夫人が物音に驚き戸を閉めましたが、安田少尉が戸を開け一同中へ這入るや、春子夫人が一同の前に両手を挙げて立ち塞がり、「待ってください」と制止しました。部屋の奥の方に寝巻姿の斎藤が起きてきた様子が見え、春子夫人を押しのけ、安田少尉が拳銃を一発放ちました。続いて坂井中尉と高橋少尉が加わり乱射。斎藤は二、三歩後ろへ退き倒れました。この時、春子夫人は身を以て斎藤の身体をかばい、機関銃の筒先をもち、「斎藤の命は国家に捧げたものです。時期が来ればさしあげます。まだその時ではありません。斎藤を撃つなら私を殺してください」と叫び続けたといいます。しかし、青年将校たちは春子夫人を押しのけて射撃を続けました。

坂井はとどめを刺そうとしましたが、春子夫人が離れないため、目的は充分に果たしたものと思い、とどめを刺さずに寝室より引き下がりました。反乱軍は正門前に集結し、一同と共に天皇陛下万歳を三唱しました。時に午前5時15分。襲撃はわずか15分で終わりました。この青年将校たちはその後すぐに杉並区上荻窪に移動し、渡邉錠太郎の襲撃に向かいました。

結果、斎藤は41発もの弾丸を撃ち込まれ絶命。享年77歳。青年将校たちの間で斎藤以外の人には決して負傷させまいとあらかじめ申し合わせしていましたが、身を投げ出して夫をかばった春子夫人も、流れ弾で両手と背中を撃たれて負傷しました。春子夫人は98歳まで長生きし、多磨霊園に眠っています。

6 渡邉錠太郎教育総監襲撃

渡邉錠太郎

渡邉錠太郎《わたなべじょうたろう》は陸軍大将であり教育総監を務めた重鎮。学者型の武人として知られ、月給の大半は丸善書店の支払いに当てたといいます。同じタイプの若い将校をかわいがり面倒見も良く、旭川の第七師団長のとき、歩兵第26連隊に属していた村中孝次にドイツ戦史の翻訳を命じたところ見事な出来栄えだったので、「村中孝次君のために」という色紙を贈った逸話があります。その村中は後に、青年将校のリーダー格として二・二六事件の中心人物となっていったのは皮肉な出来事です。

渡邉錠太郎は愛知県出身。煙草店の和田武右衛門の長男として生まれ、のちに農家の渡邉庄兵衛の養子となりました。家庭が乏しく小学校を中退。陸軍上等看護長になると医師開業免状を与えられるため、医師を目指すため、陸軍の看護卒を目指し入営します。当時の中隊長から優秀であることを評価され陸軍士官候補生に抜擢。陸軍士官学校を卒業（8期）しました。日露戦争に出征し負傷。大本営参謀、元老の山縣有朋の副官、ドイツ派遣などエリート街道を進み、歩兵第二九旅団長、参謀本部第四長、陸軍大学校校長、第七師団長、航空本部長、台湾軍司令官、軍事参議官などを歴任しました。1935年に真崎甚三郎更迭後の後任として教育総監に就任します。

真崎甚三郎教育総監更迭は、青年将校ら皇道派に大きな打撃を与えました。渡邉はその真崎にかわって教育総監になったため、皇道派がこころよく迎えるわけがありません。その上、渡邉は過ちを犯します。熊本から帰途、郷里の名古屋に立ち寄り、偕行社に部隊長を集めて訓辞を行いました。その中で天皇機関説問題にふれ、「機関という言葉が悪いというが、私はそうは思わない」と言ってしまったのです。その場で部隊長が憤慨、教育総監部の課長が「渡邉大将の私的な見解であり、教育総監として述べたのではない」とフォローしました。しかし、この話は各地の青年将校の耳にも入り、「国体明徴に関する訓示を批判し、天皇機関説を擁護」と捉えられてしまったのです。天皇機関説が天皇を統治機構の一機関としているのに対し、国体明徴声明は天皇が統治権の主体であることを明示し、日本が天皇の統治する国家であるとした宣言です。青年将校らは後者を推していました。教育総監の辞職勧告文を渡邉に送った青年将校は上司から処罰を受け、これが弾圧と受け取られてしまい、ますます険悪となります。渡邉は釈明しますが、青年将校たちは渡邉を陸軍における天皇機関説の中心人物としました。これが襲撃の理由です。

1936年2月26日早朝。四谷仲町で斎藤實内大臣を襲撃したのち、主力は他の決起部隊と合流するため陸軍省に向かいますが、高橋太郎、安田優の両少尉に率いられた約30名の下士官兵は、軽機関銃4挺、小銃約10挺が積まれているトラックで渡邉を襲撃するため杉並の上荻窪に向かいました。襲撃の実質的責任者は安田でした。安田が荻窪の地理に詳しかったからで、渡邉の邸宅のすぐ近所の義兄の邸宅で寄宿しており、襲撃前、事前に渡邉邸の様子や寝ている部屋などを確認、聞き込みをしている姿が目撃されています。

渡邉錠太郎
1874（明治7）年4月16日～
1936（昭和11）年2月26日
埋葬場所：12区1種10側15番
墓石は「陸軍大将渡邉錠太郎之墓」と刻む。墓石右手前に「護国偉材」と題された「陸軍大将渡邉錠太郎君碑」が建つ。護国偉材は「国の平安を守るすぐれた人物」という意味。

四谷を出発した襲撃隊が渡邉邸に到着したのは午前6時半前。襲撃班は2名の将校以下5、6名で、安田・高橋が先頭にたって表門を襲いました。門はすぐ開きましたが、玄関が開きません。教育総監私邸に泊まり込んでいた護衛憲兵の佐川伍長と上等兵の2名が、襲撃される直前に牛込憲兵分隊からかかってきた電話で襲撃に備え固めていたからです。最初は激しく玄関を叩いていましたが、開かないとみるや、中島与兵衛上等兵が機関銃を発射。護衛憲兵の二人も拳銃で応戦。この応戦で安田は右大腿部に貫通銃創を負い、分隊長の木部正義伍長も同じく右大腿に盲管銃創を負いましたが、ともに命に別状はありませんでした。

応戦の最中「裏口が開いている」という連絡があり、襲撃部隊は全員裏口に廻り、安田が先頭を切って屋内に入ります。渡邉は護衛憲兵からの連絡でこの裏口から脱出する予定が先に入られてしまいました。安田が部屋の戸を開けると、そこに鈴子夫人が襖を背に手を拡げて立っていました。安田が渡邉の部屋を尋ねると、「あなた方は何のためにきたのですか、用事があるならなぜ玄関から入らないのですか」と大声をあげました。高橋が夫人を払いのけて襖を開放します。部屋は8畳ぐらいの寝室で、渡邉は布団をかぶりその隙間から拳銃を発射しました。応戦の形で銃撃戦が行われましたが、相手が渡邉一人のため43発の弾を撃ち込み、瞬く間に決着がつき、高橋が布団の上から軍刀でとどめを刺して引きあげました。数分の出来事であり、玄関にいた護衛憲兵も間に合いませんでした。

7 9歳で背負ったトラウマ

渡邉和子

二・二六事件当時9歳だった渡邉錠太郎教育総監の4人兄姉の末っ子、次女の渡邉和子《わたなべかずこ》は、その日、父と一緒の布団で寝ていました。襲撃と察知した渡邉錠太郎は、娘の和子を座卓の影に隠します。八畳ぐらいの寝室で銃撃戦が繰り広げられました。渡邉一人に43発の弾を撃ち込み、軍刀でとどめを刺して襲撃隊は引きあげました。一部始終に遭遇した和子は、襲撃部隊が去った後、「お父様」と呼ぶが事切れていたと回想しています。身を隠していた座卓にも銃弾の跡が残っており、堅牢な座卓だったため貫通しなかったことが幸いでした。

生家は浄土真宗でしたが、母は父を失った娘の将来を悲観してキリスト教（カトリック）の雙葉高等女学校に入学させます。和子は献身的な修道女の姿に感銘を受け、18歳の時に洗礼を受けました。修道女名はシスター・セント・ジョン。母は心のケアのために学校に通わせましたが、修道女になることに当初は反対しました。後にその覚悟を感じた母も導かれ信仰。渡邉家の墓誌は母の鈴子の洗礼名のマリアヨハンナも刻みます。

聖心女子大学や上智大学で学び、29歳の時にナミュール・ノートルダム修道女会に入会。アメリカに留学し、ボストンカレッジ大学院で哲学の博士号を取得します。帰国後は、ノートルダム清心女子大学教授となり、36歳の若さで岡山県のノートルダム清心女子大学の学長に就任（１９９０年退任）し、長年にわたり教壇に立ち、学生の心を支え指導しました。

この間、うつ病を患い苦しい時期もありましたが復活し、マザー・テレサが来日した際には通訳を務めるなど精力的に活動します。２０１２年に刊行した『置かれた場所で咲きなさい』（幻冬舎）は２００万部を超えるベストセラーとなります。このタイトルについて和子はこのように語っています。「自信を喪失し、修道院を出ようかとまで思いつめた私に、一人の宣教師が一つの短い英語の詩を渡してくれました。その詩の冒頭の一行、それが『置かれたところで咲きなさい』という言葉だったのです」。

「汝の敵を愛せよ」と説くキリスト教の修道女ですが、実際には強い抵抗があったといいます。二・二六事件の加害者の家族と和解する「赦《ゆる》し」への葛藤。９歳の時のトラウマが修道女になっても重くのしかかっていました。晩年は著書や講演で「赦し」への葛藤からの解放が語られています。

膵臓がんで89歳で亡くなる3か月前まで教壇に立ち続けました。学園葬は追悼ミサとお別れ会が行われ、そこに二・二六事件で、父殺害の首謀者である安田優少尉の弟、安田善三郎（91歳）も出席し献花しました。安田は事件から50年後の１９８６年、青年将校らの法要に和子が初めて訪れた時、偶然案内することになり涙ながらに謝罪したそうです。その後、手紙などを通じて交流が始まり、和子が関東に講演で来る際は安田宅を訪れ食事を共にしたといいます。このような過程の中で、和解する「赦し」への葛藤も解放されていったことでしょう。なお、１９９１年に安田は神奈川県内のカトリック教会で受洗しました。

渡邉和子
1927（昭和２）年２月11日～
2016（平成28）年12月30日
埋葬場所：12区１種10側15番
墓誌にはシスターセントジョン和子と刻む。

第9章

軍人が眠る多磨霊園

1 多磨霊園に眠る国葬者たち

東郷平八郎 ● 西園寺公望 ● 山本五十六

国葬とは、国家の行事として行われる葬儀のことで経費は国が負担します。天皇、皇后および皇太后の葬儀を特に「大喪儀」（現在では「大喪の礼」と呼ばれる）といい、皇族の葬儀はすべて国葬です。また、国家に功績ある臣下が死去したときは、特旨により国葬を賜りました。儀式は神道の式で執り行われます。

多磨霊園に眠る人物で国葬第一号となったのは、１９３４年６月５日に行われた東郷平八郎《とうごうへいはちろう》です。薩摩藩出身の海軍軍人で、とくに有名なのは日露戦争で連合艦隊司令長官として旅順港封鎖作戦を行い、ロシア海軍極東艦隊を黄海海戦で、世界最強と言われていたバルチック艦隊を日本海海戦で撃破したことです。１９３４年５月30日に逝去。最終階級は元帥であり、侯爵に陞爵《しょうじょ》されました。当初は代々が眠る青山霊園に埋葬予定でしたが、軍神としては一般的な墓所であったため、急きょ、多磨霊園に名誉霊域をつくり葬ることにしました。日比谷公園で営まれた葬儀の模様はラジオで実況され、参列者は１８４万人。日比谷公園から多磨霊園までの沿道に途切れることなく多くの人たちが列をつくり見守られ運ばれました。

東郷平八郎
1848年1月27日（弘化４年12月22日）～1934（昭和９）年５月30日
埋葬場所：７区特種１側１番
長男で侯爵・貴族院議員を務めた東郷彪も同墓に眠る。

山本五十六
1884（明治 17）年 4 月 4 日～
1943（昭和 18）年 4 月 18 日
埋葬場所：7 区特種 1 側 2 番
同墓所には長男で著述家の山本義正も眠る。新潟県長岡市の長興寺の山本家代々墓にも分骨されている。

西園寺公望
1849 年 12 月 8 日（嘉永 2 年 10 月 23 日）～ 1940（昭和 15）年 11 月 24 日
埋葬場所：8 区 1 種 1 側 16 番
同墓所には娘の西園寺新と結婚し婿養子となった宮内官僚の西園寺八郎、八郎の三男で貴族院議員を務めた西園寺不二男も眠る。

軍人ではありませんが、１９４０年12月5日に国葬が行われた西《さい》園《おん》寺《じ》公望《きんもち》が二番目です。京都出身で公家・九清華家の一つ徳大寺公純の次男。同じ九清華家の流れをくむ西園寺師季の嗣子となり、３歳で当主となりました。内閣総理大臣を務め、長く元老として政治の中枢で活躍。１９４０年11月24日に亡くなり、国葬を以って世田谷の西園寺家墓地に葬られました。後に多磨霊園に改葬。

太平洋戦争真っただ中の１９４３年6月5日、山本五十六《やまもといそろく》の国葬が行われました。山本五十六は旧長岡藩士高野貞吉の六男で、山本家の養子となりました。海軍軍人として連合艦隊司令長官を務めます。太平洋戦争の反対を主張し続けてきましたが、対米戦を無視した対南方武力行使は不可能であると考え、ハワイ真珠湾作戦を立案しました。１９４３年4月18日、前線視察のためラバウルからブインに一式陸上攻撃機で向かっている中、待ち伏せしていた米軍機に襲撃され、ブーゲンビル島上空で撃墜され戦死しました（海軍甲事件）。最終階級は元帥。皇族・貴族階級を持たない平民が国葬になった初の事例として行われました。東郷平八郎の左隣に同じ型の墓石が建之され、東郷平八郎と同じように日比谷公園で葬儀を行い多磨霊園に葬られました。

2

〝智謀〟と称された陸軍大将

児玉源太郎

児玉源太郎《こだまげんたろう》は周防国都濃郡徳山村（現在の山口県周南市）出身。藩の献功隊士として戊辰戦争に参加。フランス式歩兵学修業を命じられ、京都の河東操練所に入所、大阪兵学寮でも学びます。佐賀の乱、神風連の乱、西南戦争に従軍し、明治新政府軍の陸軍軍人として活動。その後も日清戦争、日露戦争で陸軍参謀長を務め、陸軍大臣など数多くの役職に就いた〝智謀〟と称された陸軍大将です。

日清戦争における日本の戦病傷者数は1万7069人でしたが、このうち約1万2千名が病死で、ほとんどの死因は伝染病でした。戦場の劣悪な環境で戦った凱旋将兵が、コレラ、痘瘡《とうそう》、腸チフス、赤痢などの伝染病を治癒せず戻ってくれば、国民に伝染する恐れがありました。児玉はこの時、陸軍次官、軍務局長を兼ねていましたが、検疫施設の必要性を説き検疫部長に就任。広島の大本営に臨時陸軍検疫部を設置し、将兵を乗せた軍艦や輸送船が接岸する前に検疫と治療、消毒の強力な水際作戦を展開します。拒否をする将兵が出ぬよう、凱旋第一陣に乗り合わせていた小松宮彰仁親王に拝謁し、親王自身に検疫と消毒の必要性を説き最初に受けていただいたことで、すべての凱旋将兵は検疫を受ける結果となりました。船686艘、人員23万2346人の消毒、物件90万個の世界初の大検疫でした。

1898年、児玉は第4代台湾総督に就任。「私の任務は台湾を治むるにあって、征討するに非ず」と台

児玉源太郎
1852年4月14日（嘉永5年2月25日）～1906（明治39）年7月23日
埋葬場所：８区１種17側１番
同墓には政治家の児玉秀雄、実業家の児玉忠康、映画監督の児玉進も眠る。

湾の近代化に取り組みました。上下水道と病院を設置して衛生面を改善、幹旋道路・鉄道・港湾など交通網を整備、製糖業、林業など基幹産業の復興に努めました。軍隊は前面に出ず地元の人々との宥和を強調し、帰順した土匪には道路工事の仕事を与えるなどして治安向上を図りました。また折を見ては諸方を巡回し、各地の有力者や古老と積極的に交流し支持され、これにより、年間７００万円近くの台湾の財政赤字は、１９０５年には実質的な黒字化となり財政面の独立を果たし、台湾は奇跡的な発展を遂げます。

児玉は台湾総督だけでなく、陸軍大臣・内務大臣・文部大臣も兼務していました。この頃、日本とロシアの関係は悪化しており緊迫した状態です。ロシアとの開戦間際、児玉は自ら大臣を辞して降格人事を行い陸軍参謀部次長に着任しました。大戦争に不可欠なチームワークのために、明治権力の主流である薩摩と長州、陸軍と海軍、軍中央と地方、そして薩摩出身の参謀総長・大山巌元帥と長州出身の国軍創設者・山県有朋元帥の間を取り持つ参謀次長の任に自らが就いたのです。さらに、首相や長州閥の大幹部は慎重論・非戦論に傾いており、国民の世論や参謀たちは戦争必至でした。児玉はこうした状況を整え、首脳部への根回しを行い戦争準備への着手を決断させました。日露戦争が勃発すると、児玉は満州軍総参謀長となり、陸海軍の連携プレーに全力を傾注。「南山の戦い」「旅順要塞攻撃」「奉天大会戦」と活躍し、バルチック艦隊の到来を前に、旅順艦隊の息の根を止めました。

そして、最後の仕上げは「戦争の早期終結」です。児玉は奉天大会戦で勝利をおさめると、ひそかに帰国。そして桂首相や寺内陸相など政界の巨頭に働きかけました。「陸軍の軍事力に限界がみえた。いち早く、外交手段で終結するように」と。

3 日露戦争の影の立役者「無線通信」

木村駿吉 ● 松代松之助 ● 池田武智 ● 鯨井恒太郎 ● 浅野應輔

１９０５年５月27日から28日にかけて東郷平八郎率いる連合艦隊とロシアのバルチック艦隊が激突し、相手方艦艇のほとんどを損失させるという海戦史上稀に見る勝利を収め日露戦争を勝利に導いた日本海海戦。日本の勝利を決めたのが、信濃丸がバルチック艦隊を発見し「敵ノ第二艦隊見ユ」と通報したことで直ちに出港し迎え撃つことができたためとされます。

この際使われた三八式無線通信機を開発した人が木村駿吉《きむらしゅんきち》です。木村は江戸出身で幕臣の木村芥舟の次男。１８８８年東京帝国大学物理学科を卒業し、第一高等中学校教諭となりますが、内村鑑三が起こした不敬事件のあおりを受け、同じクリスチャンで内村の推薦者だったことで同罪とされ教職を追われます。その後、米国のハーバード大学やイェール大学に留学し、帰国後は第二高等学校教授となり、１９００年から海軍教授・技師となりました。兄で海軍少将の木村浩吉の仲立ちで無線電信調査委員に任命され、松代松之助や池田武智らと共に日本海軍式無線電信の通信開発を行い約８哩の距離で成功。１９０３年に三六式無線電信機が採用。艦船間の情報交換が可能となりました。

木村駿吉
1866 年 11 月 12 日（慶応２年 10 月６日）～ 1938（昭和 13）年 10 月６日
埋葬場所：７区１種５側３番

無線電信機を一緒に開発した松代松之助《まつしろまつのすけ》は京都出身。東京に出て工学を学び、逓信省通信技師となり電気試験所に入ります。1895年頃に蓄電器の需要が増大したため、蓄電器用パラフィン紙の雁皮紙の製造を池田武智と共に行いました。この頃、マルコーニが無線電信実験に成功したことを知り、電気試験所長の浅野応輔は電信主任だった松代にヘルツ波無線電信の研究を命じます。実験用部品を自作し、コヒーラの研究から始め、1897年11月に築地海岸に送信機を設置し、受信機を小船に乗せて1・8kmの通信に成功。翌年12月、月島と第五台場間（3・3km）において自ら開発した無線電信機を使って双方向の通信実験に成功。通信距離は徐々に伸び、1903年には1170kmの通信が可能となりました。海軍とは別々に研究をしていましたが、1900年に海軍省に移り、1901年木村や池田と共に三四式無線電信機を開発します。

　池田《いけだ》武智《たけとも》は蓄電器用パラフィン紙の雁皮紙の製造を松代と行った後、紙蓄電器の絶縁抵抗が歳月を経るに従い著しく低下する原因がパラフィンとの関係と推察し、絶縁低下を防御する方法を見つけ出しました。1899年に海軍が無線電信調査委員会を設置し委員附嘱託通信技手として参加。そこで、木村と松代らと海軍式無線電信機の研究を行い、三六式無線電信機開発に繋がります。

　日露戦争後の1906年には東京小笠原間の海底ケーブルが出来て米本土との直接通信が可能となり、世界最初の送受信同時に可能な無線電話機が出来上がります。この時に多大なる協力をしたのが

松代松之助
1866（慶応２）年～
1948（昭和23）年４月22日
埋葬場所：２区１種７側
同墓には松代松之助の子で計測・制御工学者の松代正三も眠る。

池田武智
1870（明治３）年～
1931（昭和６）年５月12日
埋葬場所：７区１種12側45番

浅野應輔

1859（安政６）年～
1940（昭和 15）年９月 23 日
埋葬場所：８区１種７側２番
墓石の裏面には浅野應輔の簡略歴が刻む。

鯨井恒太郎

1884（明治 17）年７月～
1935（昭和 10）年７月 22 日
埋葬場所：22 区１種８側 15 番

無電学者の鯨《くじら》井《い》恒《つね》太《た》郎《ろう》で、鯨井のところに出入りしていた八木秀次は後に八木アンテナを開発。以降、岡部型マグネトロンと次々と日本人は世界的成果を挙げることになります。

鯨井は東京出身。東京帝国大学を卒業後、逓信省電気試験所所員を経て、母校の教授となります。１９２４年、東京市電気研究所初代所長を兼任。真空管発達以前から無線通信工学に取り組み鉱石検波器の研究で業績をあげ、無線電話機、周波数変換装置を発明、理化学研究所では電気絶縁材料の研究を指導しました。整流器、電気集塵機、白熱電球利用の光通信機など多くの発明・特許があり、権利化の重要性に気付き先駆けて行ったことでも著名です。

最後に上記のメンバーたちの先人、浅《あさ》野《の》應輔《おうすけ》は備中（岡山県）出身。医師の大野意俊の三男として生まれ、４歳の時に叔父の浅野玄岱の養子となります。１８８１年工部大学校電信科を卒業し、母校の助教授となるも、１８８４年に逓信省に転任。東京電信学校校長などを務めます。電信電話の弱電流工学から電灯電力の強電流工学の研究に精通し、日本の電気工学の権威と称されました。１８９４年に欧米に留学し、大西洋横断海底ケーブルの工事を視察。帰国後、１８９７年長崎—台湾間の海底電線敷設を指導し完成させています。電気単位や電気事業取締規制などの制定にも尽力しました。

4 生涯で5度時流に反対した軍人

井上成美

井上成美《いのうえしげよし》は40年の海軍軍人歴の中で5度、日本もしくは海軍の転機に直面し、いずれも当時の〝流れ〟に命がけで反対しています。結果において、すべて井上の主張が正しかったのですが、それは不幸にして太平洋戦争の敗戦によって証明されました。

井上は宮城県仙台市出身。1909年海軍兵学校卒業（37期・恩賜）。海軍大学校卒業後、イタリア大使館付武官などを歴任し、軍務局長や第四艦隊長官などを経て、航空本部長に就任。海軍次官に進み、海軍大将にまで昇進します。

まず1つ目の反対は「軍令部の改定を断固反対」したことです。1933年、海軍は陸軍にならい人事と予算の大幅な権限移譲を海軍省に求めます。軍令部の権力拡大を図った改定案に対して、海軍省の課長職であった井上は強硬に反対します。海軍大臣の部下でもなく、監督権も及ばず、しかも憲法上の責任は問われない軍令部長に人事と予算を任せることは、第一に憲政の原則に悖《もと》り、第二に専門家集団たる軍令部の独走を許し、果ては戦争につながる危険があると主張したのです。周囲から説得され、または脅迫されるも、断固として捺印しませんでした。結局井上は異動させられ、後任の課長が捺印します。以後、軍令部をチェックすべき海軍省の力が弱体化させられ、軍令部の独走を許し、陸軍と同調して戦争に突入していったのです。

2つ目の反対は「三国同盟締結への反対」です。海軍省軍務局長であった井上は、海軍大臣であった米内光政と次官の山本五十六と共に、日独伊三国軍事同盟締結に反対しました。井上は若い頃より欧米に駐在・滞在した経験が豊富であり、反対には経験による裏付けがありました。自ら肌で感じた各国の経済的・軍事的・心理的要素の他に、自らの国家観、戦争観に照らして根本的な反対理論を持っていました。また三国軍事同盟条約中にある「自動参戦」の義務条項に対し、絶対相容れぬものがありました。結果的に、井上・米内・山本の3名が中央からいなくなった後に三国同盟は締結され、日本は一気に戦争への道に突入していきます。

3つ目の反対は「艦隊決戦思想（大艦巨砲主義）に反対」です。支那方面艦隊参謀長を退任し1年ぶりに海軍省に戻ると、省内は、三国軍事同盟締結でドイツと組んでいれば天下何者も恐るるに足らずとする英米軽視の空気が濃厚でした。しかも、出席した首脳会議の席上で提出された海軍軍備充実計画案は、アメリカの軍備計画に追従した国情にそぐわない内容。この空気感に対して井上は「戦艦不要・海軍の空母化」を骨子とした「新軍備計画論」を大臣に提出。海軍軍備計画を根本的に改定することを訴え、更に「日米戦争ノ形態」と題し、きたるべき日米戦争の推移を予測し、アメリカによる海上封鎖の危険性を明言しました。更に航空戦備の重要性を説いた「海軍航空戦備の現状」と題する意見書を書き上げ配布します。しかし、井上の想起した資料は次官室の金庫に眠ったまま無視され、この年の12月より太平洋戦争が勃発します。

4つ目の反対は「敵性語（英語）廃止の時流に反対」です。海軍兵学校校長となった井上がまず取り掛かったのは、日本を対米戦争に突入させた、井上にとっては国賊と呼びたい大将たちの掲げられていた写真を全部はずさせることでした。そして「教育漫語」と名付けた小冊子三冊にまとめた教育方針を教官に配布。これは、兵学校教育はすぐに役立つ丁稚をつくるのではなく、将来大木に育ち得るポテンシャルを持つ学士、ジェントルマンを養成すべしとするものでした。よって、英語、数学などの普通学を重視し、特に敵性語（英語）廃止の時流に強く反対しました。むしろ英語教育は一つの技術修得であり、世界中どこにいっても適用できる人材育成として全生徒に英英辞典を持たせました。士官搭乗員の急速養成の必要から、兵学校生徒の繰り上げ卒業を強く要求する海軍中枢に対しても反対の意思を示しました。井上の教え子たちの戦後の活躍がその正しさを裏付けています。

５つ目の反対は「自らの昇進の反対」です。１９４４年８月５日、米内海軍大臣に強く請われ、兵学校校長を退任し、海軍次官に就任。就任して23日目、井上成美は大臣室の米内に、現在の状況のひどさと日本はアメリカに負けることを明言。戦争終結に向けた工作を内密に始めることの承諾を得ます。本格的な本土空襲が予想された昭和20年初頭、一刻も早く終戦にしなければならないそんな折、米内に呼ばれ「大将進級」「大臣就任」を奨められます。しかし、井上は断固として反対の意思を伝えます。海軍次官は海軍省と軍令部の間に立つ要職であり、終戦工作を密かに行う上でどちらにも顔が利くポストであったからです。また、次官職は中将の配置ポストであるため、大将になることは次官を辞めることも意味していました。大将進級は一応取り止められましたが、３度目の反対意見提出も空しく、強引に大将に進級させられ次官を退官させられます。米内から「大将の件、陛下が御裁可になった」と伝えられ、井上自身も陛下からでは仕方がないと受け入れたといいます。

井上成美

1889（明治22）年12月9日～
1975（昭和50）年12月15日
埋葬場所：21区1種3側18番

5 マレーの虎と南京事件

山下奉文●谷寿夫

太平洋戦争後、連合国が日本の戦争指導者の責任を訴追し、処罰するために極東国際軍事裁判（東京裁判）が行われたことは有名です。その際「平和に対する罪」で訴追された者をA級戦犯と呼び、東條英機以下28名が起訴され、絞首刑7名、終身禁錮刑16名、禁錮20年1名、禁錮7年1名の判決が下されました。同時に連合国7カ国は東アジア各地において、国家の指導的立場にあった重大戦争犯罪人として、「通例の戦争犯罪」を犯したB級戦犯、「人道に対する罪」を犯したC級戦犯を訴追。被告となった日本人は5700人にのぼり、死刑984人、無期刑475人、有期刑2944人、無罪1018人が裁かれました。

山下奉文《やましたともゆき》は高知県出身。開業医の山下佐吉の次男。長男の山下奉表は海軍軍医少将（7区1種15側29番）。陸軍士官学校、陸軍大学校を卒業。オーストリア大使館兼ハンガリー公使館付武官、陸軍省軍事課長などを経て、1935年、陸軍省軍事調査部長に就任。翌年の二・二六事件で反乱軍に好意的立場をとったと誤解され、朝鮮の第四十旅団長に左遷されます。37年日中戦争が起こり中国北部へ出征。同年、北支那方面軍参謀長に就任。第四師団長、航空総監、関東防衛軍司令官、第二五軍司令官を拝命し太平洋戦争が勃発。開戦直後、マレー・シンガポールを短期で攻略し、イギリス軍を降伏させ、「マレーの虎」と呼ばれました。

開戦前のシンガポールはアジアにおけるイギリス軍のシンボル的な存在でした。日本陸軍としてもシンガ

谷寿夫

1882（明治15）年12月23日〜1947（昭和22）年4月26日
埋葬場所：13区1種21側

山下奉文

1885（明治18）年11月8日〜1946（昭和21）年2月23日
埋葬場所：16区1種8側6番
墓所には山下奉文の碑が建つ。同墓には兄の子で養子とした鍼灸とハリ麻酔の権威・山下九三夫も眠る。

ポールを攻め落とすことは南方攻略の成否を握る最重要作戦のひとつです。マレーのイギリス軍司令官はA・E・パーシバル中将。世界中に植民地を持ち「日の沈まない国」と称された大英帝国軍が、たった2週間で山下率いる第二五軍に陥落されました。パーシバルは停戦交渉のため会談を設けます。交渉は難航し、通訳も不慣れで、業を煮やした山下は居丈高にテーブルを叩き「そちらは降伏するのかどうか。イエスかノーか、はっきり返事をもらいたい」と即答を迫ります。この強引な説得工作でパーシバルは無条件降伏し、日本側の捕虜となりました。というのは通説で、実際は通訳に対して「余計なことは聞かなくてもいい、君はただイエスかノーかだけ聞けばいい」とやや強い言葉で言ったというのが、本人談です。

このシンガポール攻略は、捕虜の数は推計10万人以上、捕獲した各種火砲740門、乗用車・トラック約1万台という人的・物的戦果ばかりでなく、東洋におけるイギリスの象徴ともいえるシンガポールの陥落は、アジアにおける日本のイギリスに対する完全な勝利ともみなされました。これは裏を返せば、イギリスが有色人種に初めて敗北した屈辱でもあります。

山下はその後、満州の第一方面軍司令官を経て、フィリピンの第一六方面軍司令官となり、マッカーサー率いる米軍と戦っている時に終戦を迎えます。敗戦後の降伏調印の席にはパーシバルも同席していました。パーシバルは山下に降伏した後、捕虜として日本に送られ、終戦とともに釈放、再びマレー英軍司令官として舞い戻っていたのです。出席義務がないパーシバルの同席は山下に対する報復意識からです。山下はフィリピンのマニラにて軍事裁判にかけられ、フィリピン全土にわたる日本兵の住民虐殺・拷問・略奪・殺人などの罪名で死刑判決を受けます。これに関して「私に責任がないわけではない」「私が自決したのでは責任を取る者がいなくて残った者に迷惑をかける」と一切の弁明を行わず、紳士的な態度を貫きました。原告側からも同情的な意見が出、弁護団も判決を不服とし死刑執行の差し止めと人身保護令の懇願をしましたが、アメリカ最高裁は6対2の投票で却下し絞首刑が下され、１９４６年２月23日マニラ郊外ロス・バニヨスにて処刑されました。

谷寿夫《たにひさお》は岡山県出身。陸軍士官学校、陸軍大学校を卒業。この間、日露戦争に従軍。イギリス駐在武官となり、第１次世界大戦の西部戦線に従軍。インド駐在武官や陸軍大学の兵学教官を経て、参謀本部付となり国連に派遣され、国連陸空軍代表となります。１９３５年、第六師団長（熊本）となり、翌年、松井石根司令官率いる中支那方面軍の隷下として南京攻略戦に参軍しました。このとき、南京事件（南京大虐殺）がおきたとされています。南京攻略戦の成功により、同年末に中部防衛司令官に任命され、2年後に予備役となりました。太平洋戦争終戦間近に、第五九軍司令官兼中国軍管区司令官として復帰。終戦後、ＢＣ級戦犯とし南京大虐殺の責任を問われ、中国側に身柄を拘束、南京裁判にかけられ蒋介石により処刑されました。

南京事件の際の筆頭は松井石根陸軍大将であり、Ａ級戦犯として東京裁判で死刑となります。しかし、南京軍事法廷でも南京事件の報復として裁きたかった中国側は、起訴する軍人を探します。南京事件は中島部隊（第一六師団）が起こしたことでしたが、中島今朝吾は既に死去していました。松井石根につぐ責任者である上海派遣軍司令官の朝香宮鳩彦王は皇族であり不起訴となり、谷の上司である第十軍司令官の柳川平助も既に死去していました。結果的に、生き残っていた谷に責任がまわり罪をかぶせられたのです。

6　戦争の情報戦その1　敵の裏をかく「挺進部隊」

山内保次・建川美次・山中峯太郎

昔の戦争における情報戦では「挺進部隊」「暗号」「スパイ」が重要とされました。まずは敵の裏をかく「挺進部隊」です。「挺進」とは「主力から飛び離れて進むこと（主力部隊より前方の敵地を進む）」です。

日露戦争で旅順攻略に成功した日本軍は、敵であるロシア軍が奉天に来ると予測し、次の戦いは奉天での決戦だと企図しました。しかし、あくまでも予測です。ひょっとしたら、鉄嶺まで退いて日本軍を迎え撃とうとしているかもしれません。日本軍はこれからの動きと状況判断に迷っていました。そこで情報収集を行うため、将校斥候（偵察のための兵士）の派遣を命じました。抜擢されたのが山内保次《やまうちやすつぐ》と建川美次《たてかわよしつぐ》です。１９０５年１月４日に山内保次少尉以下４騎、１月９日に建川美次中尉以下６騎が鉄嶺へ向けて出発しました。

山内保次は新潟県出身。１９０２年陸軍士官学校を卒業（14期）し、翌年陸軍少尉に任官。軍人となってすぐ日露戦争が勃発。騎兵第一旅団長の秋山好古の下で騎兵戦術を駆使してロシア軍と戦います。そして、山内挺進斥候として敵中を進むことになりま

山内保次
1881（明治 14）年 7 月 16 日～
1975（昭和 50）年 11 月 10 日
埋葬場所：12 区 1 種 31 側
同墓には息子で戦死した陸軍少佐の山内保武も眠り、墓石左面に息子の保武と保次の簡略歴等を刻む。

山中峯太郎
1885（明治18）年12月15日～
1966（昭和41）年4月28日
埋葬場所：14区1種8側7番

建川美次
1880（明治13）年10月3日～
1945（昭和20）年9月9日
埋葬場所：13区1種2側

した。

山内隊は途中で馬賊を指揮する橋口少佐と会い、紹介された通訳を伴って鉄嶺を目指しました。その後はロシア兵を装って潜行を続け、食料の確保や極寒期の野営、さらに敵の追撃に苦しみながらも14日には鉄嶺近辺に達します。ここで山内は報告のために通訳を送り返すとともに、ちょうど発生した霧に紛れて鉄嶺市街に進入。途中で何度か敵騎と出くわしますが、引き返すとかえって怪しまれると思いそのまま横を通過し、さらに100騎ほどの敵縦隊の後に付いて行くなど大胆に行動して敵情を探り続けました。そして敵の追撃をかわしながら1月21日に帰還。18日間、総行程1000㎞でした。一方、建川隊はロシア軍勢力地の奥深くまで挺進し、後方攪乱と敵情を探りました。総行程1200㎞を走破します。

山内、建川らは「鉄嶺の部隊は総予備軍ではなく、単なる後方守備隊である」「鉄嶺付近の工事は簡易なものである」「北方から列車で鉄嶺に来た兵士達は、そこで下車することなくそのまま南下していく。北上してくる列車はほとんど空席」など、ロシア軍が鉄嶺への撤退戦術をとるのではなく奉天での決戦に備えていることをうかがわせる重要な情報をもたらしました。

建川美次は1901年に陸軍士官学校を卒業（13期）。騎兵第九連隊付となり日露戦争に出征し、建川挺身隊を率いました。その後陸軍大学校を卒業、イギリス駐在やインド駐剳《ちゅうさつ》武官を経て、1931年に起こった三月事件の計画には参謀本部第二部長として加担し、満州事変の挑発にも一役買い、ジュネーブ軍縮会議に派遣されるなど、陸軍の中枢として活動。最終階級は陸軍中将。退役後は駐ソ連大使などになっています。山内は日露戦争後、騎兵学校教育に携わり、最終階級は陸軍少将。

二人の活躍は児童文学作家の山中峯太郎《やまなかみねたろう》により、冒険小説『敵中横断三百里』（1931年刊行、建川挺進斥候がモデル）、次いで『敵中四騎挺進』（1941年刊行、山内挺進斥候がモデル）として紹介され、大ベストセラーとなりました。後に黒澤明が映画化を計画し、『日露戦争勝利の秘史　敵中横断三百里』のタイトルで脚本を手掛けています。戦後、小国英雄（22区1種135側）と共に脚色し、大映で映画化（1957年公開）されました。

山中峯太郎は大阪出身。呉服商の馬淵浅太郎の次男、3歳のときに軍医の山中恒斎の養子。1905年、陸軍士官学校を卒業（18期）。在学時に二人の活躍を知ります。陸軍大学校を退校し、朝日新聞社通信委員となり中国革命軍に投じました。1906年、大阪毎日新聞に『真澄大尉』を吾妻隼人の名義にて連載したのを皮切りに、主に朝日新聞などで名義を変えて執筆。関東大震災を機に少年冒険小説家として執筆活動に打ち込むようになり、1930年『少年倶楽部』に「敵中横断三百里」の連載を開始。以降、『亜細亜の曙』『万国の王城』『大東の鉄人』などベストセラーを立て続けに刊行し、映画化。戦前は戦記ものの作品が多かったですが、戦後は、伝記小説、SF小説のほか、翻案『シャーロック・ホームズ全集』は日本中の子供たちを熱狂させました。

7 戦争の情報戦その2「暗号名マリコ」

寺崎英成・若杉要

太平洋戦争では相手側の無線傍受は広く行われていました。そこで、相手に聴かれても仲間と意思疎通できるように「暗号」が用いられるようになります。しかし、太平洋戦争の開戦前から戦争の全期間を通じて、ほとんど米国に日本側の暗号は解読されていました。物量によるハード面だけでなく、情報戦のソフト面も日本はアメリカに負けていました。日本軍による攻撃をアメリカは事前に察知し、戦いを有利に進めていたのです。有名なところでは、ミッドウェー海戦や山本五十六連合艦隊司令長官の戦死（海軍甲事件）などは日本側の動きが筒抜けであり、情報戦に敗北したといっても過言ではありません。

日米開戦前にアメリカの情報収集を行い、戦争回避のための和平工作を行っていたニューヨーク領事の寺《てら》崎英成《さきひでなり》と、駐アメリカ公使の若杉要《わかすぎかなめ》のエピソードを紹介します。二人とも駐アメリカ特命全権大使の野村吉三郎を補佐していました。また、寺崎英成の兄の寺崎太郎はアメリカ局長を務めていました。全員が戦争を食い止めるべく、ルーズベルト大統領やハル国務長官と会談を行い、日米交渉の打開に努力していたのです。

寺崎英成は神奈川県出身。貿易商の寺崎三郎の二男。１９２１年東京帝国大学を中退し、１９２７年外務省に入省。１９３１年ワシントンの日本大使館在勤中に、日本大使館のパーティーで米国人グエンドレン・ハロルドと知り合い意気投合。外交官が外国人と結婚することがタブーであった時代に国際結婚。翌年、上海総領事館勤務となり、この年に長女のマリコ（寺崎マリ子：マリコ・テラサキ・ミラー）が誕生します。その後、ハバナ、北京など在外勤務を経て、1941年に再びワシントンに戻り、一等書記兼ニューヨーク領事に着任し、野村吉三郎大使を補佐して対米交渉に当たりました。

日米交渉には現地情報が必要であり、そのやり取りをしたいところでしたが、日本人外交官の動きは全てFBIに監視され、電話も盗聴されるなどの諜報工作が行われていました。そのため、外交官同士のやり取りでは暗号が使用されます。兄でアメリカ局長の太郎と若杉駐米公使との国際電話は、盗聴されることを予測し、暗号を使用することにしました。それこそが「マリコ」でした。実際に諜報工作はFBIに筒抜けで、行動が分刻みで記録されている「寺崎ファイル」なるものが戦後発覚しています。

暗号名「マリコ」はこのように使われていました。1940年、英成と兄の太郎との間での会話です。「マリコの具合はいかがですか？」（日米関係はどうですか？）、「マリコは大変悪いです。どんどん悪くなる一方です」（見込みが薄くなりました）、「それはいけない。荻窪のオヤジが生きているうちに、良い医者に診てもらわないと」（近衛首相が辞職させられそうです。首相であるうちに改善しないと危ない）。

若杉要は、1937年ニューヨーク総領事に着任し、1941年から駐アメリカ公使として、駐アメリカ特命全権大使の野村吉三郎を補佐しました。寺崎兄弟とも、主に「駐兵問題ニ関スル米側態度」を示す合言葉「マリコ」が用いられ、情報を共有します。暗号はワシントンの在米大使館と東京の外務本省との間でも使用されており、例えば「伊藤君」（＝総理）、「伊達君」（＝外務大臣）、「徳川君」（＝陸軍）、「縁談」（＝日米交渉）、「君子サン」（＝大統領）、「子供カ生レル」（＝形勢急転スル）、「七福神ノ懸物」（＝四原則）、「ソノ後ノ公使ノ健康」（＝交渉ノ一般的見透）といった合言葉が使用されていました。

若杉は野村と共にハル国務長官と会談し、日米交渉における3つの懸案である「日独伊三国同盟条約の解

若杉要
1883（明治 16）年～
1943（昭和 18）年 12 月 9 日
埋葬場所：６区１種 16 側

寺崎英成
1900（明治 33）年 12 月 21 日～
1951（昭和 26）年 8 月 21 日
埋葬場所：17 区１種 11 側 17 番

釈および履行問題」「通商無差別問題」「中国における日本軍の駐兵・撤兵問題」打開の努力をしていました。最大限の譲歩案を提示するなど交渉を行いますが進展せず、結果、太平洋戦争に突入。１９４２年8月に寺崎一家は日本に帰国し、英成は外務省の政務局第七課長に就任します。妻グエン・娘マリコは、反米感情の中、仕打ちに耐えます。戦後、日本政府とＧＨＱの連絡官となり、宮内庁御用掛、天皇とマッカーサーの通訳担当官に抜擢。差別を恐れた英成はグエンとマリコをアメリカに帰らせています。１９５１年に脳梗塞で倒れ、50歳の若さで急逝。

　妻のグエンは寺崎英成一家の外交官時代の体験談をもとに執筆した『太陽にかける橋』が日米でベストセラーとなり、映画化もされました。１９５８年出版社の招待でグエンは来日。その時に弟の寺崎平《てらさきひとし》（同墓）より遺品を手渡されます。日本語が読めなかったため遺品は米国の自宅にしまい込まれましたが、１９９０年に米国の自宅でマリコの息子のコールが遺品の中から「昭和天皇独白録」を発見。これが「昭和天皇独白録・寺崎英成御用掛日記」であることが証明され、同年12月号の『文藝春秋』に全文が掲載され大反響を呼びました。後にこの日記が競売にかけられ、高須クリニック院長の高須克弥氏が27万５０００ＵＳドル（約３０８０万円）で落札。この「直筆原本」は皇室が所有するものだと、２０１８年２月に宮内庁に寄贈されました。

8 戦争の情報戦その3「スパイ・ゾルゲ事件」

ゾルゲ ● 尾崎秀実 ● 石井花子

情報戦の最後は最も危険ながら最も的確に情報を得ることができる「スパイ」です。日本で諜報活動を行った世界的に著名なスパイはリヒアルト・ゾルゲです。ゾルゲの父はドイツ人、母はロシア人。ベルリンで育ち、共産主義に傾倒し、ドイツ共産党に入党。モスクワに行き、コミンテルン情報書記局員となり、ソ連共産党にも入党。１９２９年からドイツのジャーナリストとして、上海で諜報活動に従事。そこで、朝日新聞記者をしていた尾崎秀実《おざきほつみ》と知り合います。

１９３３年ドイツの有力日刊紙フランクフルター・ツァイトゥング紙の東京特派員として来日。ゾルゲの暗号名「ラムゼイ」を冠にした対日諜報機関を創立。再来日した１９３５年より本格的に諜報活動に入ります。ゾルゲの目的は、ソ連の脅威国ドイツの動きを極東で観察し、できるだけソ連という的から外すこと。あわせて日本の動きをつぶさに調査することです。

尾崎秀実
1901（明治34）年4月29日～
1944（昭和19）年11月7日
埋葬場所：10区1種13側5番

尾崎秀実は１９２５年、東京帝国大学を卒業し、朝日新聞に入社。特派員として上海に滞在時にゾルゲと出会います。１９３２年帰国後は、東亜共同体論でアジア民族の解放を唱える文筆活動に従事。１９３８年に朝日新聞を

リヒアルト・ゾルゲ
（Richard Sorge）
1895（明治 28）年 10 月 4 日～
1944（昭和 19）年 11 月 7 日
埋葬場所：17 区 1 種 21 側 16 番

石井花子
1911（明治 44）年～
2000（平成 12）年 7 月 1 日

退社し、第一次近衛内閣で満州鉄道調査部の嘱託となります。尾崎は近衛文麿のブレーンとなり内外の最高機密情報を聴ける立ち位置を確立。同時に、これらの情報はゾルゲに流れました。ゾルゲのスパイ活動を助けた尾崎の目的は、ソ連に続いて中国、日本に革命が起きると予測し、帝国主義戦争の停止と日中ソ提携の実現にあったといわれています。

　ゾルゲは尾崎以外にも多くの仲間たちを集め、スパイ網を日本国内に構築。ソ連の情報は、無線や連絡員を通じて直接モスクワから送られてきました。英米仏の情報は、それぞれの国の大使館員と交友関係のあるフランス通信社に勤める人物から入ってきました。ドイツの情報は、ドイツ大使館に自由に出入りし、オットー大使の私設顧問のような立場にまでくいこんだゾルゲ自身が集めました。日本の国家機密は尾崎が担当。ラムゼイ機関には、ほぼ全世界の最高で最新の情報が集まるようになりました。ゾルゲはライカの小型カメラを愛用しており、潜入した大使館で軍事資料や機密資料を一枚一枚撮影。伝書使に託されるフィルムは1回で30本、写真枚数にして１０００枚に達し、それをソ連に送っていました。優秀な情報源に恵まれただけではなく、ゾルゲの情報分析は的確で、二・二六事件の社会的・政治的背景の分析、日独防共協定の秘密条項の入手、日独伊三国軍事同盟参加拒否の日本の態度、独ソ戦開始の的確な予測など、緻密に把握しソ連に正確に打電していました。

１９４１年10月15日、警視庁特高一課と同外事課によって国際スパイの疑惑で尾崎が検挙され、18日にゾルゲも検挙。その他のグループ員たちも一斉に逮捕され、「ゾルゲ事件」が明るみになります。１９４２年国防保安法、治安維持法違反などにより起訴され、１９４３年９月29日の一審でゾルゲと尾崎に死刑判決が下りました。翌年に公判が一度のみ行われ、１９４４年11月７日、ロシア革命記念日に巣鴨にてゾルゲと尾崎は処刑されました。

　逮捕後、ゾルゲは「もはや日本に盗む機密は何もない」と豪語し、自身がソ連のスパイであることも自供。しかしソ連政府は頑なに拒否し、処刑後の遺体の引き取りもせず黙認したため、拘置所の慣例で秘密裏に雑司ヶ谷霊園に土葬されました。尾崎は逮捕後、妻子と獄中で取り交わした手記が、戦後、『愛情はふる星のごとく』として刊行されベストセラーになりました。

　ゾルゲと同墓に眠る石井花子《いしいはなこ》はゾルゲの愛人でした。ゾルゲには各国に親しい女性がいたことが戦後明らかになる中で、花子は生涯独身を貫き、死ぬまで「夫」としてこだわり続けました。花子は岡山県倉敷市出身。地主の娘に生まれ看護学校を卒業後、22歳で上京。銀座のドイツ料理店でウエイトレスをしている時にゾルゲと知り合います。逮捕後のゾルゲは、諜報団のリーダーとして仲間たちの命を守りたいと考え、特に守り抜こうとしたのは、献身的に尽くした花子ら女性たちだったといいます。司法取引に近い官憲との暗黙の了解があったとされ、女性たちは取り調べは受けたものの、誰一人として起訴されませんでした。

　戦争中でゾルゲが処刑されたことは公にされず、花子がゾルゲの死を知ったのは終戦直後の１９４５年10月。不明であったゾルゲの遺骨を、１９４９年11月ついに捜し出し、回想録『愛のすべてを――人間ゾルゲ』で得た原稿料で墓石を整え、１９５０年11月に多磨霊園に改葬しました。その後、１９６４年にゾルゲはソ連から名誉回復がなされました。

9 三人の撃墜王

加藤建夫 ● 笹井醇一 ● 小林照彦

「撃墜王」とは戦争中に多数の敵機を撃墜したパイロットに与えられる称号のことです。航空機が戦争に使用された第一次世界大戦より、10機以上撃墜した者をフランスでアス（切り札）と呼んだのが起源。現在は5機以上の撃墜をした者を世界では「エース・パイロット」と呼び称されています。

多磨霊園に眠る撃墜王として3名を紹介します。まず一人目が「隼戦闘隊長」で有名な加藤建夫《かとうたてお》です。北海道旭川出身。1925年陸軍士官学校を卒業（37期）し、所沢飛行学校を出てパイロットになります。飛行第二大隊中隊長として日中戦争で活躍し、太平洋戦争では飛行第六四戦隊長として一式戦闘機「隼」で編成された加藤隼戦闘隊を指揮しました。マレー半島、ジャワ、ビルマ方面でイギリス空軍、中華民国空軍及び中国空軍を支援したアメリカ義勇軍と戦果を重ね、南方侵攻作戦の成功に貢献します。1942年5月22日ベンガル湾上空でブリストル・ブレニム爆撃機を撃墜しましたが、ブレニムの尾部銃座により被弾、帰投不能に陥って帰還困難と悟り、また敵勢力地域への着地を許さず自爆の道を選びました。戦

加藤建夫
1903（明治36）年9月28日～
1942（昭和17）年5月22日
埋葬場所：20区1種12側19番
同墓には長男で素粒子物理学者の加藤正昭も眠る。旭川市豊岡の愛宕墓地にも分骨されている。

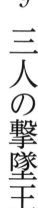

小林照彦

1920（大正9）年11月～
1957（昭和32）年6月4日
埋葬場所：25区1種32側
墓所には「正六位 勲五等 故二等空位 小林照彦之銘」と題された功績が刻む「頌徳誌」が建つ。

笹井醇一

1918（大正7）年2月13日～
1942（昭和17）年8月26日
埋葬場所：18区1種17側

死後、二階級特進し陸軍少将になっています。加藤のエース・パイロットとしての活躍は軍神と称され、映画化、軍歌、国定教科書に取り上げられました。映画の特撮監督は後にウルトラマンを世に出す円谷英二が担当しています。

「零戦撃墜王」と称されたのは笹《ささ》井《い》醇一《じゅんいち》です。東京出身。父は海軍造船大佐の笹井賢二（同墓）。海軍兵学校を卒業（67期）し、海ではなく空の道を選びます（当時は陸軍と海軍がそれぞれ別々に空軍を管轄）。日本海軍は兵学校卒業者を、どんな古参で優秀な下士官搭乗員より初めから上官として優遇していました。そんななか笹井は役職が自分よりも低い年上のベテランパイロットに対して真摯な対応をし、むしろ積極的に鍛えてもらいます。

太平洋戦争開戦後はマニラ、ボルネオ、スラバヤ、ジャワと転戦しラバウルに向かいラエに転出。フィリピン攻略戦のラバウルでの航空戦で同時3機撃墜など離れ業を演じる活躍で27機を撃墜しました。この背景にはベテランパイロットたちとの連携があり、共同撃墜は187機とされています。戦後、ベテランパイロットであった坂井三郎が著した『大空のサムライ』では「階級を超えた友情」と称されています。1942年8月26日、ガダルカナルで米国海軍マリオン・カール大尉に撃墜されソロモン上空で戦死しました。弱冠

24歳でした。没後二階級特進し海軍少佐になっています。

最後に「帝都防空の雄」と称された小林照彦《こばやしてるひこ》を紹介します。東京出身。１９４０年、陸軍士官学校を卒業（53期）し、太平洋戦争開戦直後に飛行第四五戦隊に配属されました。１９４４年帝都防空戦闘機隊の飛行第二四四戦隊長に24歳の若さで抜擢され、戦闘機は飛燕・五式戦闘機を操ります。半年間に84機撃墜（うちB-29を73機）、撃破93機（うちB-29を29機）の輝かしい戦隊総合戦果をあげ、〝小林防空戦隊〟の名を不動のものとし、かつ個人撃破機数でも戦隊の最多撃墜記録保持者となりました。

１９４５年７月16日の激戦を最後に、本土決戦にそなえ航空兵力温存策に移行されたため出撃禁止の命令が下ります。７月25日、血気盛んな若者は、なんと戦闘教練の名目で独断出撃します。八日市上空でＦ６Ｆ艦載機群を奇襲し12機を撃墜しました。しかし、これは軍紀違反とされ厳しく叱責されます。小林を救ったのは天皇陛下で、御嘉賞のお言葉が伝えられて無断出撃は不問に付されました。

戦後は航空自衛隊発足に伴い復帰し、ジェット機の操縦士となりました。その訓練中、悪天候で制御不能に陥る中、副操縦士を脱出させ、自身は市街地に墜落しないように脱出せず、浜松基地への着陸進入中に機体もろとも爆死しました。享年36歳。

10

時代に翻弄された県知事

嶋田叡 ● 高野源進

1945年太平洋戦争末期、南西諸島に上陸したアメリカ軍を主体とする連合軍と日本軍との間で行われた「沖縄戦」。3月26日慶良間諸島に米軍が上陸したことから始まり、6月23日にかけて沖縄本島及び周辺島嶼、海域で行われた戦いです。沖縄には多くの民間人が住んでいたため、非戦闘員を巻き込む悲惨な戦場となりました。この沖縄戦の時の沖縄県知事が嶋田叡《しまだあきら》です。

嶋田は兵庫県神戸市出身で、東京帝国大学を卒業した後内務省に入り、主に警察畑を歩みました。大阪府内務部長を務めていた1945年1月10日、沖縄県知事の打診を受けます。既に戦局は悪化しており、沖縄への米軍上陸は必至と見られていたため、周囲は打診を受けることに反対しました。ところが嶋田は「誰かが、どうしても行かなならんとあれば、言われた俺が断るわけにはいかんやないか。俺は死にたくないから、誰か代わりに行って死んでくれ、とは言えん」と言い、死を覚悟して沖縄へ赴任したのです。

沖縄県知事着任後は、沖縄駐留の軍隊と連携を深め、北部への県民疎開や食料の分散確保など、喫緊の問題を迅速に処理していきました。県民は嶋田知事に対して深い信頼の念を抱くようになります。

3月26日ついに米軍が上陸し空襲が始まります。県庁を首里に移転し、地下壕の中で執務を続け、その後も壕を移転させながら指揮を執りました。6月9日嶋田に同行した県職員・警察官に対し「どうか命を永ら

高野源進
1895（明治28）年3月12日～
1969（昭和44）年1月4日
埋葬場所：15区1種9側

嶋田叡
1901（明治34）年12月25日～
1945（昭和20）年7月
埋葬場所：11区1種6側

えて欲しい」と訓示し、県及び警察組織の解散を命じました。6月26日荒井退造警察部長とともに摩文仁（糸満市）の壕を出た後は消息を絶ち、今日まで遺体は発見されていません。

同年8月6日、世界で初めて広島に原子爆弾が投下されました。その時に広島県知事を務めていたのが高野源進《たかのげんしん》です。福島県出身で、東京帝国大学を卒業した後内務省に入り、嶋田と同じように主に警察畑を歩みました。1941年に山梨県知事に任ぜられ、大阪次長を経て、1945年6月10日から広島県知事に着任しました。原爆投下された8月6日は県東部の福山地方に出張中であり原爆の難はのがれました。広島全滅の知らせを受け急いで広島市内に戻ろうとしましたが、動きが取れず、それでも列車や車を乗り継いで午後6時半に現地入りします。すぐに比治山多聞院に「広島県防空本部（県庁）」を開庁。救護活動の調整や食糧放出などの対策を進めました。高野は終戦後もしばらく広島県知事を継続し、10月11日に東京に戻され、警視総監になり戦後の混乱の治安維持に当たります。翌年1月15日に公職を引退し、その後は弁護士となりました。

当時の知事は住民の直接投票によって選挙する公選制ではなく、任命されて赴任する官選の時代です。時代に翻弄された二人の県知事。戦後1951年、沖縄県民からの寄付により、嶋田をはじめ死亡した県職員453名の慰霊碑として、摩文仁の丘に「島守の塔」が建立されました。

11 世紀の自決

阿南惟幾 ● 宇垣纏 ● 甘粕正彦

1945年8月15日正午、本土決戦一色であった陸軍軍人たちは、昭和天皇の玉音放送からポツダム宣言受諾を聴き、同時に陸軍大臣であった阿南惟幾《あなみこれちか》の自刃と、「一死以テ大罪ヲ謝シ奉ル」の遺書を知ります。全軍の信頼を集める阿南の切腹に徹底抗戦、戦争継続の主張は止み、終戦の現実を受け入れました。

阿南惟幾は東京牛込出身。中学より軍人の道を志し、1905年陸軍士官学校卒業（18期）。1910年より陸軍中央幼年学校生徒監となり、学科以外の生徒指導に熱を上げすぎ陸軍大学受験に3度失敗、4度目にして合格します。陸軍大学卒業（30期）後は、軍令部参謀、フランス出張、歩兵連隊長などを歴任。学生時代から優等ではなく平凡でしたが、不断の修養と努力と向上心、そして人々の信頼をかち得る人物として出世。1938年に中将となり、第一〇九師団長に就任し支那の山西省太原へ出征。51歳にして軍人として初めて実戦の場に立ちます。阿南師団は山西軍主力殲滅作戦を敢行し、ほとんどの敵主力を殲滅する戦果をあげました。更に2千人の捕虜に対する処置も極めて寛大で、友人を迎えるという風でさえあったといいます。戦死した部下の慰霊祭を施行する際は、敵軍戦死者の供養塔も立てました。

戦争末期の1945年4月、鈴木貫太郎内閣が終戦工作を軸として発足。阿南の性格を熟知していた鈴木本人からの抜擢で陸軍大臣に就任します。終戦前日の閣議において、鈴木総理を筆頭に各大臣によって終戦

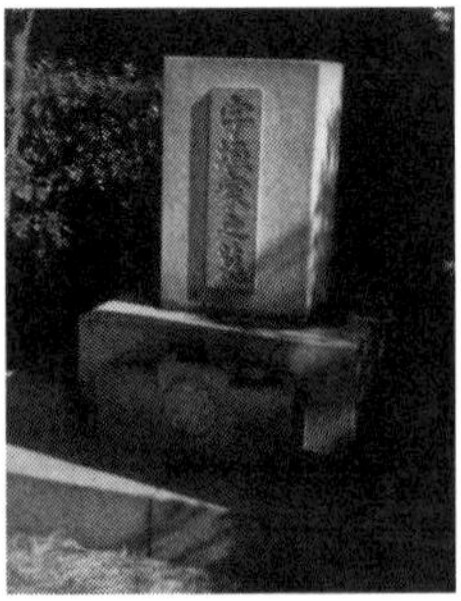

宇垣纏

1890（明治23）年2月15日～
1945（昭和20）年8月15日
埋葬場所：20区1種8側18番

阿南惟幾

1887（明治20）年2月21日～
1945（昭和20）年8月15日
埋葬場所：13区1種25側5番
墓所には「辞世の句」碑が建つ。「大君の深き恵に浴《あ》みし身は 言ひ遺こすへき片言《かたこと》もなし」

詔書への副署が行われました。最後まで本土決戦を主張した阿南も、昭和天皇の終戦の意志が固いことを知り同意して副署。この際、「軍を失うも、国を失わず」とつぶやいたといいます。これにより、長かった15年戦争に日本国は終止符を打ち、翌日、ポツダム宣言を受諾しました。

終戦のまさにその日、特攻兵を送り出す命令を出していた宇垣纏《うがきまとめ》は、玉音放送を聴いた後、最後は自らが特攻死を遂げました。

宇垣は岡山県出身。隣家で陸軍大将の宇垣一成に憧れ軍人を志します。1912年海軍兵学校卒業（40期）。海軍砲術学校や海軍大学校を経て、ドイツ駐在や参謀、教官などを歴任し、35年連合艦隊主席参謀に着任、八雲艦長、日向艦長を務め、その後山本五十六の連合艦隊の参謀長に就任。42年のミッドウェー海戦ではパニックに陥った参謀たちに代わり冷静に対応し、参加部隊を統率して撤退させます。翌年、山本と共に一式陸上攻撃機2機に分乗して前線視察のためラバウルからブインに向かっている最中、米軍機に襲撃され撃墜。山本は戦死、宇垣も負傷しました（海軍甲事件）。宇垣は山本の遺骨を持ち帰還。その際、形見として短刀を貰いました。1945年2月から第五航空艦隊司令長官に就任し、鹿児島県鹿屋の司令部に着任。軍令部、連合艦隊の指示・意向による特攻を主体とした部隊編成が初めて行われ、長官訓示で全員特攻の決意を全艦隊に徹底。米艦隊への海軍航空総攻撃作戦を行います。

そして8月15日早朝に攻撃中止命令が出される中、自らが特攻するための「彗星」を準備させると、部下たちも命令違反を承知で同行すると追随。結果11機23名（途中3機が不時着、5名生存）で、沖縄沖に向かい飛び立ちました。宇垣機からは訣別電があり、続いて「敵空母見ユ」「ワレ必中突入ス」を最後に連絡は途絶えました。なお、この特攻による米軍側の被害はなく、翌朝、沖縄の伊平屋島の岩礁に突っ込んでいる彗星機を米軍が発見。機体から3名の遺体を収容。飛行服を身に着けていない遺体の所持品から山本の形見の短刀が発見されました。この玉音放送後の特攻は命令違反であり、また部下を巻き込んでの自決に対して賛否意見が割れ、戦後しばらくは靖国神社に合祀されませんでしたが、後に合祀され勲章も追贈されました。

最後に甘粕正彦《あまかすまさひこ》を紹介します。山形県出身、陸軍士官学校（24期）卒業。歩兵少尉となりますが、1918年に憲兵に転じました。1923年関東大震災直後の混乱時期に、労働運動家に対する取締まりを強化し、甘粕は無政府主義者の大杉栄、その夫人の伊藤野枝、甥の少年の橘宗一の3人を連行し、東京憲兵隊本部にて扼殺《やくさつ》しました（甘粕事件）。軍法会議にて甘粕は懲役10年の刑を受け服役。しかし、27年恩赦減刑され出獄。フランス経由で満州に渡り、その後は満州事変の黒幕として関わります。満州国建国と同時に満州国民政部警務司長に就任。その後、母親の旧姓から名付けた「内藤機関」を開設。また協和会中央本部総務部長、満州映画協会理事長という表の顔を持ちつつ、裏で暗躍します。

1945年敗戦とともに満州国が解体され、甘粕は自分の人生と満州国の運命を重ねて詠んだ辞世の句を詠み服毒自殺を遂げました。「大ばくち　身ぐるみ脱いで　すってんてん」。

甘粕正彦
1891（明治24）年1月26日～
1945（昭和20）年8月20日
埋葬場所：2区2種16側

12

何も刻まれていない「731部隊」の精魂塔

「懇心平等万霊供養塔」●二木秀雄

2017年5月に『飽食した悪魔の戦後』、2018年5月に『731部隊と戦後日本』という一橋大学名誉教授・加藤哲郎氏の著書が花伝社から刊行され、同時期に私の手元にも献本されました。添えられた手紙には「小村様のホームページ（「歴史が眠る多磨霊園」）の記載が、日本における二木氏についてのほぼ唯一のまとまった記録であり、なおかつ、『懇心平等万霊供養塔』の発見者としての小村様のご功績を紹介することなしには、書籍として成立しえないとさえ思っております」と綴られていました。本では8ページにもわたり私の掲載文章が考察されていました。

約20年前、多磨霊園に眠る著名人を探し出した頃、管理事務所で多磨霊園内の碑石形像《ひせきぎょうぞう》の書類を閲覧させていただき、それらをまとめて掲載していました。その中のひとつに「懇心平等万霊供養塔」がありました。この塔はよくある碑石ではなく、普通のお墓のような五輪塔であり、かつ何も刻まれていません。また現在では個人情報の兼ね合いなどでそれら書類を閲覧できなくなったことで、この塔に関しての裏付けが困難な状況です。「731部隊の精魂塔がどこかにある。多磨霊園のどこかにある」という噂はまことしやかに歴史好きの間で囁かれていましたが、私が偶然閲覧した書類の中にあったこの塔を世間に知らしめた当事者になってしまったようです。同時に本当の名称「懇心平等万霊供養塔」を世に広めたのも結果的に私となり感無量です。

旧日本陸軍７３１部隊とは、国際法で禁止された生物化学兵器の研究開発を第二次世界大戦中に秘密裏に行った機関です。ペスト菌やコレラ菌の散布を中国のいくつかの都市にて行い、さらに捕虜の人体実験や証拠隠滅の為の虐殺などを行い、その犠牲者は３千人を超えるとされています。しかし終戦後、米軍が手に入れたかった人体実験の資料と交換条件として７３１部隊関係者は戦犯免責となります。これにより東京裁判でも起訴されずに済みました。撤退時の７３１部隊で博士号をもつ医官は53名。７３１部隊の最大人員数は約３９００人（支部含む）といわれ、陸軍防疫給水部隊の総数は約5千人といわれています。この関わった全員が無罪放免となったのです。そして、７３１部隊の存在自体が闇に葬られ、戦犯を免責された軍医たちは、その後、部隊で行った「人体実験」のことを絶対に口外しないと誓い、全国の大学や研究所などに散っていったのです。

１９５５年８月13日、多磨霊園内に「懇心平等万霊供養塔」がひっそりと建之されました。建立者は私が閲覧した書類の中に二木《ふたき》秀雄《ひでお》と記載されており、精魂会代表者とも明記されていました。この人物を調べた結果、７３１部隊の主要メンバーの一人であったことが判明します。そして７３１部隊関係者が戦後、年に1回集まる親睦会を「精魂会」と呼んでおり、その代表が二木である裏付けもとれました。

懇心平等万霊供養塔

碑石所在地：５区１種18側１番

二木秀雄は石川県出身、金沢医科大学で細菌学者をしていました。その後、７３１部隊6等技師として第一部の細菌研究の中にある第十一課（結核）二木班（結核研究）の班長として携わります。戦後、免責された二木は再び金沢医科大学に戻りますが、政界ジープ社社長として、右

二木秀雄
1908（明治41）年〜
1992（平成4）年9月18日
埋葬場所：4区1種41側

翼系政界誌『政界ジープ』発行者にもなります。

１９５０年、７３１部隊の仲間である内藤良一（陸軍軍医学校防疫研究室責任者として７３１部隊に深く関与）、北野政次（７３１部隊第2代部隊長）と「日本ブラッド・バンク」の発起人となり、政界、財界との共同出資で創立し取締役に就任します。この日本ブラッド・バンクは日本初の血液銀行として、朝鮮戦争時には米軍が血液を大量購入し事業が繁栄しました。後にミドリ十字（１９６４年に名称変更）となり、高度経済成長のなかこの企業は日本有数の製薬会社に成長し、１９７８年には米国アルファ・セラピュウテック社を買収。この子会社はアメリカ貧民層の血液を恐ろしく安く買い集めてミドリ十字に送りました。これがエイズウイルス入りの血液製剤の輸入となり、薬害エイズ事件を引き起こしていくことになるのです。

なぜ多磨霊園に「７３１部隊」の精魂塔を建てたのか。何も刻まれていない五輪塔が何も言わずにたたずみます。その塔から歩いてわずかな距離に「二木家」の墓所もあります。先祖代々の墓石が立ち並ぶ中、二木秀雄の墓だけは木の墓標です。

第10章

戦争に反対した人、これを弾圧した人が眠る多磨霊園

1 日露戦争非戦論

与謝野晶子 ● 内村鑑三

日露戦争開戦7か月後、与謝野晶子《よさのあきこ》は雑誌『明星』に反戦詩「君死にたまふこと勿れ」を発表します。この詩には副題が付いており、「旅順口包囲軍の中に在る弟を嘆きて」とあります。詩も「あゝ、をとうとよ君を泣く　君死にたまふことなかれ」で始まり、新妻を残して出征した弟への愛をこめて作ったもので、当時の社会に投じた波紋は小さくはなかったといいます。

与謝野晶子は大阪堺出身。誕生した時の名前は鳳志よう《ほうしよう》。9歳で漢学塾に入り、琴や三味線を習い、堺市立堺女学校に入学すると「源氏物語」などを読み始め古典に親しみます。更に兄の影響で小説にも興味を持ち、20歳のころに和歌を投稿するようになりました。最初のペンネームは鳳晶《ほうしょう》。歌会に参加するようになり、そこで歌人の与謝野鉄幹《よさのてっかん》と知り合い不倫関係になります。鉄幹が創立した新詩社の『明星』に短歌を発表。上京し、女性の官能をおおらかに謳う処女歌集『みだれ髪』を鳳晶子《ほうあきこ》名義で刊行し、浪漫派の歌人としてのスタイルを確立しました。のちに鉄幹と結婚し与謝野晶子の名となり、子供を12人出産しました。

1904年に「君死にたまふこと勿れ」を発表しますが、この詩の3連目「君死にたまふことなかれ　すめらみことは　戦ひに　おほみずからは出でまさね」（天皇は戦争に自ら出かけられない）という表現が問題とされ批判されたことに対し、晶子は「歌はまことの心を歌うもの」と反論しました。日露戦争時は太平

内村鑑三
1861年3月26日(万延2年2月13日)～1930（昭和5）年3月28日
埋葬場所：8区1種16側29番
最初は雑司ケ谷の墓地にて埋骨され、1932年3月16日に多磨霊園に改葬。その際、日本初の洋型墓石「内村鑑三墓」が建之された。正面下に墓碑銘「I for Japan, Japan for the World, The World for Christ, And All for God.」の自筆が刻む。

与謝野晶子
1878（明治11）年12月7日～1942（昭和17）年5月29日
埋葬場所：11区1種10側14番
与謝野鉄幹（左側）・晶子の墓（右側）。墓所入口の左右に歌碑があり、台座の上にも歌が刻む。
鉄幹「今日もまたすぎし昔となりたらば並びて寝ねん西のむさし野」
晶子「なにはは津に咲く木の花の道なれどむぐらしげりて君が行くまで」

洋戦争時とは異なり言論弾圧がそこまで激しくなかったことが幸いし論争は終結。以降は、小説・童話・感想文など多方面にわたる活動を示し、１９１１年には史上初の女性文芸誌『青鞜』創刊号に「山の動く日きたる」で始まる詩を寄稿。翌年は『新訳源氏物語』全４巻を出版。文学のみならず教育・婦人・社会問題に関する著述も多く、見識ある指導者としての役割も果たしました。

内村鑑三《うちむらかんぞう》は江戸小石川出身。高崎藩士・儒学者の内村宜之《うちむらよしゆき》（同墓）の長男。札幌農学校第二期生として入学。最初は水産学を専攻し、卒業後も北海道開拓使民事局勧業課に勤めましたが、開拓使が廃止されたことや、札幌基督教会の創立に関わったことで、キリスト教伝道者の道へ転身。米国の神学校で学び、帰国後、新潟県の北越学館に仮教頭として赴任。学校行政を指摘する意見書を出したことで外国人宣教師らと対立が起こり、学生も巻き込んだ学館紛争に発展。内村は赴任４か月で辞職し、東京に戻りました。

１８９０年第一高等中学校の嘱託教員となります。翌年、教育勅語の奉読式で天皇の署名のある勅語に教員及び生徒が最敬礼をする際、内村は軽く頭を下げてすませ降壇し、最敬礼をしなかったことが礼拝を拒んだとされ、各界から「非国民」として非難が起き、キリスト教と国体の問題へと進展、不敬事件として社会問題となりました。内村は反論を展開するも世論は味方せず失意の中にいた時に、処女作『基督信徒のなぐさめ』を執筆し、「無教会」という言葉を初めて使用します。

1897年朝報社に入社し新聞「萬朝報」の英文欄主筆を経て、翌年『東京独立雑誌』を創刊し主筆となりジャーナリストとして独立します。部数も伸び経営は安定していましたが、社員と対立してしまったことで、第72号で突如廃刊され解散。以降は、聖書にのみ基づく〈無教会主義〉を唱え、その伝道・学問的研究・著述活動を精力的に行いました。

1903年日露戦争開戦前にはキリスト者の立場から非戦論を主張。『戦争廃止論』を「萬朝報」で発表。日露非開戦論・戦争絶対反対論を展開しましたが、世論の主戦論への傾きを受け、萬朝報も主戦論に転じると、萬朝報客員を辞しました。非戦論は内村や柏木義円など極めて少数でありキリスト者の間でも孤立しましたが、「聖書之研究」を通じて非戦論を掲げ続けました。

そんな戦争反対を強く訴えていた時に、内村の前に徴兵を拒否したいという若者が訪れました。内村はその若者に対して兵役を促したのです。非戦論思想における「戦争政策への反対」と「戦争自体に直面したときの無抵抗」という二重表現は、あらゆる暴力と破壊に対する抗議を表明すると同時に、「不義の戦争時において兵役を受容する」という行動原理を明確にしました。

2 戦争を憎み立ち向かった人々

田所廣泰・桐生悠々・樺美智子

太平洋戦争真っただ中で、真っ向から東條内閣打倒の思想活動を展開した青年がいました。田所廣泰《たどころひろやす》です。東京出身。父は海軍中将の田所廣海（同墓）で、政治家の迫水久常は従兄弟、岡田啓介元首相は遠縁。1931年東京帝国大学法律学科を卒業しますが、在学中に小田村寅二郎（後の亜細亜大学教授）らと反戦思想を担った中心的な右翼学生として活動し、公然たる学風批判事件（小田村事件）を起こし、全国的に過激な学生運動を展開。大学卒業後は内務大臣秘書官補佐になるも、思想団体である精神科学研究所（国民文化研究会）を設立して理事長。1940年には近衛文麿らを顧問として、日本学生協会を創立し理事長に就任しました。太平洋戦争開戦後は、南方作戦成功後も東條内閣が一向に終戦工作に取り掛からないのを見て、東條内閣を徹底して批判し早期講和を求める運動を展開。また、古代の防人や日露戦争中の和歌には家族と別れて入営する辛さや悲しみが素直に詠まれていましたが、大東亜戦争中はこうした歌の発表を軍部が禁止したことを強く批判し、国のために尽くしたいとする「公」の気持ちも、家族を心配する「私」の気持ちも、共に

田所廣泰
1910（明治43）年9月28日〜
1946（昭和21）年6月18日
埋葬場所：2区1種2側1番

偽りなき人間の「まごころ」であると主張しました。当時流行の「滅私奉公」のスローガンのように「私」を滅することは所詮不可能であり、「私」を大切に思いながらも、なお「公」に向かおうとする「背私向公」こそが人間の自然な感情とする思想を展開しました。

東條内閣打倒の思想活動に対して、東條英機自身が司法省や内務省に取締りを命じましたが、両省とも同情的立場を取り取締りを強化しませんでした。そのため東條は、憲兵隊を使って徹底的な弾圧を実行し、日本学生協会及び精神科学研究所は壊滅。１９４３年田所は検挙。合計三度逮捕され拷問に近い取調べを受け、もともと病弱であったことも重なり健康状態が悪化。これが原因で疎開先の岩手県で35歳の若さで急逝しました。

桐生悠々
1873（明治６）年５月20日～
1941（昭和16）年９月10日
埋葬場所：26区１種28側

桐生悠々《きりゅうゆうゆう》は石川県出身。本名は政次。実業家などを経て記者生活に入り、「下野新聞」「大阪毎日新聞」「大阪朝日新聞」などを転々としたのち、１９１０年「信濃毎日新聞」主筆として長野へ赴任します。「陋習打破論」で乃木希典の殉死を、「政友会の正体」で政友会を批判。14年「信濃毎日」を退社し「新愛知」主筆となり10年間活動した後、衆院議員に立候補しますが落選。28年より再び「信濃毎日」の主筆となりました。そこで軍部の不合理を批判した「関東防空大演習を嗤ふ」を発表しますが、軍部の怒りを買い退社。以降、名古屋郊外で個人雑誌『他山の石』を発刊、自由主義的立場で軍部に屈せず、軍国主義批判を続けました。発禁につぐ発禁にも屈せず書き続けましたが、ガンを発症。41年「廃刊の辞」を載せた最後の『他山の石』８月20日号が読者の手に届いた９月10日夜半、彼はその生涯をとじました。９月12日の葬儀に、憲兵が『他山の石』発行停止命令を持ってやって来たとき、長男の浪男は父の句を口ずさみました。「蟋蟀《こおろぎ》は鳴きつづけたり嵐の夜」。この句は墓所内の句碑として刻まれています。

樺美智子《かんばみちこ》は兵庫県神戸市出身。父は社会学者の樺俊雄（同墓）。１９５７年東京大学文科二類に入学。ブント（共産主義者同盟）へ入り安保闘争に参加。不正を許せない強い正義感から連日、反安保デモの渦の中にいました。

１９６０年6月15日、安保改定阻止第二波実力行動に急進的学生組織の活動家として参加。全学連はブントを先頭にして南通用門から国会構内に学生約4千人が突入。警官隊との衝突が繰り返される中で胸部圧迫の窒息死で亡くなりました。享年22歳。警察側は転倒が原因の圧死と主張し、学生側は機動隊の暴行による死亡と主張。結果的に学生側の死亡者を出したことで、警察はマスコミから批判されることとなり、その死は安保闘争の象徴となりました。

樺美智子
1937（昭和12）年11月8日～
1960（昭和35）年6月15日
埋葬場所：21区2種32側14番
墓誌碑には美智子作の「最後に」の詩が刻む。

政府は翌16日の閣議で訪日予定であったアイゼンハワー大統領に延期要請を決定。6月18日には60年安保最大の33万人が国会を取り囲み、6月23日に批准書交換が行われ、日米新安保条約発効とともに岸信介首相が退陣を表明。6月24日に日比谷公会堂で樺美智子の葬儀が国民葬と銘打って行われ、毛沢東から「全世界に名を知られる日本民族の英雄となった」の言葉が寄せられます。母の光子の手による遺稿集『人しれず微笑まん』はベストセラーになりました。警察はこの事故を教訓とし、人質事件や学生運動の際に、常に監察医を現場に待機させるように決めました。

3 様々な立場からの戦争反対

澤田竹治郎・小野徳三郎・徳永直・櫛田ふき

裁判官の立場で戦争批判をしたのは澤田竹治郎《さわだたけじろう》です。岐阜県出身。１９０９年内務官僚として、福岡県事務官補、愛知県理事官、岩手・長野各県警察部長などを経て、18年から行政裁判所評定官をつとめ、42年同部長に就任。その時「軍閥はその本分にもとり政治、産業を壟断し、独善専横をきわめ、戦争終結の時期と方法につき無計画・無方針である。大東亜戦も完全にわがほうの負けだ。軍閥が自分勝手な戦争を始めて国民に迷惑をかけるのはけしからん」と太平洋戦争中に軍部批判をしました。そのため、45年5月1日、東京憲兵隊に陸軍刑法違反で拘束されてしまいます。5月23日に保釈され、東京刑事地裁の禁固10ヵ月の有罪となりますが、上告中に敗戦し免訴されました。戦後、46年行政裁判所長官となるも同裁判所が廃止され、以降、臨時法制調査会委員、地方制度調査会委員、公職資格訴願委員会委員長を務め、47年から最高裁判所判事に就任しました。

澤田竹治郎
1882（明治15）年8月2日～
1973（昭和48）年3月11日
埋葬場所：20区2種37側

小野徳三郎《おのとくさぶろう》は三重県出身。海軍機関学校、海軍大学校を卒業し、教官、佐世保海軍工廠部員、フランス駐在、造船監督官、呉工廠造機部部員、広島工廠機関研究部長、横須賀工廠造機部長、広島工廠長、海軍工機学校長

小野徳三郎

1882（明治15）年5月19日～
1956（昭和31）年5月1日
埋葬場所：10区1種4側

徳永直

1899（明治32）年1月20日～
1958（昭和33）年2月15日
埋葬場所：19区1種24側17番
墓石の書は徳永直の自筆。

を歴任し、海軍中将まで昇進。同時並行で、生粋のクリスチャンとして赴任する先々で教会設立に尽力し、長老として仕えます。1935年に予備役となり、43年青山学院の第8代院長に就任しました。小野は太平洋戦争中の軍事教練の教官の前で戦争批判をしました。軍人とクリスチャンの立場を分けて活動をしてきましたが、軍人職を離れたことで本音が出てしまったのでしょう。しかし、海軍中将の肩書きのため大ごとにはならず、免職を免れました。

徳永直《とくながすなお》は熊本県出身。乏しい小作人の長男として生まれたため、小学生の時から印刷工や文選工などで働き家計を助けました。熊本煙草専売局で働いていた時に同僚の影響で文学や労働運動に身を投じ、1920年熊本印刷労働組合創立に参加。22年山川均を頼って上京。博文館印刷所に植字工として勤務しながら小説を書き始め、『無産者の恋』を組合の雑誌に発表。26年共同印刷争議で指導的メンバーとして活躍しましたが敗れ、同僚1700人とともに解雇されてしまいます。29年この体験に基づく長篇小説『太陽のない街』を『戦旗』に発表、労働者出身のプロレタリア作家として一躍注目を集め、ベストセラーとなり、映画化や戯曲化、また世界各国で翻訳出版されました。「全日本無産者芸術連盟」（ナップ）に参加。作家生活に入り、『失業都市東京』『ファッショ』などを発表。社会主義思想や共産主義思想が強いプロレタリア文学は当局に目をつけられ、小林多喜二の虐殺や弾圧の強まる中で動揺し、33年に中央公論にて『創作方法上の新転換』を発表。日本プロレタリア作家同盟を脱退し、働く庶民の生活感情に根ざした作品を発表するようになります。43年『光をかかぐる人々』は日本の活版印刷の歴史をヒューマニズムの観点から淡々と描くことで、戦争と軍国主義を暗に批判しました。

ストレートな批判ではなく、変化球で批判をする技巧派。基本的には労働者の運動を支持する立場を貫きましたが、特定の知識人・趣味人だけのものであった文学が労働者に受け入れられるきっかけをつくり、小説の読者層を大きく変えたと評価されています。

櫛田ふき
1899（明治32）年2月17日～
2001（平成13）年2月5日
埋葬場所：11区1種19側

櫛田《くしだ》ふきは山口県出身。外語大学教授であった父の山口小太郎の弟子で経済学者の櫛田民蔵（同墓）と結婚。しかし、１９３４年民蔵は亡くなってしまい、ふきは35歳で未亡人となってしまいます。仕立物や保険の外交をしながら二人の子供を育てました。作家の宮本百合子に「女手一つで子どもを育てあげたあなただから頼みたい」と励まされたことが、戦後、女性・平和運動に飛び込むきっかけになりました。

１９４６年婦人民主クラブの結成に参加、初代書記長に選ばれ、３年後には委員長に就任。55年の第1回日本母親大会では議長団、その他、婦団連会長、新日本婦人の会結成に参加し代表委員、全国革新懇世話人、原水爆禁止世界大会議長団などを歴任します。

白寿を迎えても「戦争と核兵器のない世界に」と先頭に立ち、１９９９年に行われた戦争法案反対の「銀座デモ」を呼びかけ、満百歳にして自らも参加しました。

4 共産党員一斉検挙と治安維持法

田中義一 ● 原嘉道

戦前の日本には治安維持法という法律がありました。「国体ヲ変革シ、及ビ私有財産制度ヲ否認セントスル」結社や運動を禁止するため違反者に懲役10年以下の実刑を科しました、1925年法律46号として加藤高明内閣で成立。この法律が誕生した背景には、大正デモクラシーの要望に譲歩して普通選挙法が成立したことがあります。今までの内々の政治体制から、成人男性に選挙権を与え政治家を選ばせることを認める代わり、国家の意に反する者は逮捕弾圧するということで、普通選挙に反対する枢密院工作として同時に成立させた法律です。当時は「大正デモクラシー」の時代、「民本主義」運動に湧いていました。同じ頃、史上初の社会主義国家樹立につながったロシア革命（十月革命）が成功します。これは、ロシア帝国が第一次世界大戦に参戦し軍隊を国外へ派遣している隙に、ソビエト共産党が「内乱」を起こすことで成功した革命です。日本でも腐敗した政府を排除し、ロシアのように日本を共産主義化しようと動き出す人たちも現れてきました。「帝国主義戦争反対。帝国主義戦争の内乱への転化」をスローガンに誕生したのが日本共産党です。国外の戦争ではなく、国内への革命。当時の政権に対する反対勢力を結集するための号令に、多くの若者たちが共鳴しました。

政府は普通選挙実施の世論の声を尊重しつつも、脅威となる組織を押さえる法律も同時につくったのです。

案の定、共産主義勢力は学生運動にまで発展し、政府はそれを食い止めるべく治安維持法をかざして検挙していきます。そして、1928年田中義一内閣は緊急勅令で法改正を行い、「国体変革」の罪には死刑をも適用することにしたのです。

田中義一《たなかぎいち》は長州藩士田中信祐の三男。萩の乱に参加しましたが年少のため罪を免れ陸軍に入ります。陸軍士官学校卒業（旧8期）。日露戦争の際は満州軍参謀として出征。陸軍省軍事課長の時に「良兵即良民」主義を唱え、帝国在郷軍人会結成に尽力。その後、陸軍大臣、政友会総裁などを務め、1927年に第26代内閣総理大臣に就任しました。

田中内閣は金融恐慌対策、外交面では対中国政策に力を入れ、山東出兵や東方会議の開催など、大陸権益維持の政策を次々と打ち出しました。しかし、満州の関東軍は暴走し、独断専行で軍閥指導者の張作霖の乗った列車を爆破爆殺してしまいます。田中は当初、昭和天皇に「責任者を厳罰に処す」旨を奏上しましたが、周囲の反対で処分を軽微に済ませ、それが昭和天皇の不興を買って厳しく叱責され、田中は一連の責任を取って内閣総辞職しました。天皇からの叱責が相当堪えたのか、3か月後に狭心症で急逝。なお、昭和天皇は自分の叱責が総辞職や死に至らしめたかもしれないという責任を感じ、その後は政府の方針には不満があっても口を挟まないと決意したといいます。

このように田中内閣時は金融恐慌や日中戦争へと足を踏み入れる騒乱の時期であり、社会不安から労働運動が活発化、革新陣営の政治活動も先鋭化していきました。そこで政府は1928年3月15日、治安維持法にもとづく日本共産党の一斉検挙（三・一五事件）を、田中内閣の司法大臣を務めていた原嘉道《はらよしみち》のもとで行います。

原は信濃国（長野県）出身。幼名は亀太郎。一度習ったことは絶対に忘れないという記憶力の持ち主で、

原嘉道

1867年3月23日（慶応3年2月18日）～1944（昭和19）年8月7日

埋葬場所：10区1種1側

田中義一

1864年7月25日（元治元年6月22日）～1929（昭和4）年9月29

埋葬場所：6区1種16側14番

10歳にして小学校を首席で卒業。私塾で学びながら母校の教壇にも立ったといわれます。16歳で上京。1890年東京帝国大学法科大学英法学部を首席で卒業。農商務省に入り、入省2年目にして東京、大阪の両鉱山監督署長に抜擢。その後は念願の弁護士に転進し退官。1893年東京京橋に法律事務所を開業。経験を活かし主に鉱山関係・炭鉱事件などを担当。日本弁護士協会や国際弁護士協会設立に努め、法曹界の重鎮の一人となりました。田中内閣発足に伴い、弁護士生活35年の在野からの司法大臣就任は異例抜擢でした。

三・一五事件の大掛かりな検挙で、共産党幹部者を含め検挙者1568人、起訴488人を出しました。その後も治安維持法による共産党の検挙を行い、原はこれに重要な役割を果たした功績で、大臣辞任後は枢密顧問官になり、後に議長となり没するまで任ぜられました。日独伊三国同盟反対、御前会議で最後まで戦争回避を主張しましたが回避できず、太平洋戦争中の1944年8月に亡くなりました。没したその日に特旨をもって華族に列せられ、男爵の爵位と勲一等旭日桐花大綬章が追贈。これは最後の爵位授爵となりました。

5 弾圧された共産党員と助けた人

徳田球一・志賀義雄・亀井勝一郎・栗林敏夫

前項で述べた1928年日本共産党の一斉検挙（三・一五事件）で検挙された人たちの中には多くの多磨霊園に眠る人物がいます。社会運動家であり日本共産党指導者である徳田球一《とくだきゅういち》から紹介します。

徳田は沖縄出身。1920年弁護士免許を取得するも、日本社会主義同盟結成に参加し、モスクワの極東民族会議に出席。帰国後日本共産党創立に参加し中央委員になりますが、第一次共産党弾圧事件で検挙され、日本共産党は解党させられました。1924年党再建論をとなえ活動し、28年総選挙に立候補します。同年に三・一五事件が起こり検挙されました。以後、獄中で18年間拘束され、終始転向拒否を貫きます。戦後、1945年10月10日GHQ指令に基づき釈放され、党再建活動を再開。非転向での解放は英雄とされ、その勢いで衆議院議員に当選します。しかし、50年マッカーサー指令で追放され（レッドパージ）、中国に亡命しました。毛沢東やスターリンと会談をし支持を得るなど水面下で活動していましたが、53年持病の糖尿病が悪化し北京で客死。その死は55年まで明らかにされず、発表された際には北京で追悼大会が行われ3万人が参列しました。

徳田と共に検挙され獄中で18年間戦い続けた同志、また『獄中十八年』を共著した志賀義雄《しがよしお》は、徳田の妻・徳田たつ（同墓）と日本とまだ国交がなかった中国に共産党員として初めて合法的に訪問し、徳田の遺

志賀義雄
1901（明治34）年1月8日〜
1989（平成元）年3月6日
埋葬場所：25区1種76側1番
墓石の後ろ壁左側には志賀義雄の顔のレリーフがはめ込まれている。

徳田球一
1894（明治27）年9月12日〜
1953（昭和28）年10月14日
埋葬場所：19区1種31側2番
同墓所には社会運動を共に行った同士である岡田文吉とハル夫妻も別の墓石を建て眠る。

骨を引き取りました。

志賀は山口県出身。旧姓は川本。東京帝国大学に入り在学中に学生連合会を組織、1923年日本共産党に入党。徳田らと党再建に従事し中央常任委員として活動しますが、三・一五事件で検挙されてしまいます。18年間の獄中生活でも一貫して転向拒否を貫き、終戦後に徳田と共に釈放。党再建に参画し、衆議院選挙に当選しました。1950年占領下の平和革命路線であった共産党をコミンフォルムが批判したことで、志賀は徳田らの武装闘争路線に反する「志賀意見書」を提出し国際派に属しました。これが党内の反主流派とされ、党員資格を停止され除名されます。また公職追放対象者にされ議員の地位も喪失。地下活動に入りました。1955年共産党が武装闘争路線を放棄したことを契機に再び出現し、共産党に復帰。衆議院議員選挙に出馬し当選。1964年に党議に反して部分核停条約批准に賛成し党から再び除名。除名された仲間たちと「日本のこえ」を創立し全国委員長になりましたが、共産党の支持基盤を失ったことで、4回連続当選していた選挙で初の落選。その後同派は「平和と社会主義」と改称するも低迷しました。

三・一五事件で検挙された人物には後に文芸評論家となる亀《かめ》井《い》勝一郎《かついちろう》もいました。北海道函館出身。東京帝国大学在学中にマルクス、レーニンに傾倒し、社会文芸研究会、共産主義青年同盟に加わり労働運動を行ったことで逮捕されました。1930年10月1日転向上申書を提出し、10月7日に保釈さ

亀井勝一郎

1907（明治 40）年２月６日〜
1966（昭和 41）年 11 月 14 日
埋葬場所：20 区 1 種 22 側 13 番

自筆「亀井勝一郎」と刻む。妻の亀井斐子は歌人で同墓。墓所には「歳月は慈悲を生ず　亀井勝一郎」と刻む碑が建つ。

れました。保釈後は、初め『プロレタリア文学』『現実』などに論文を発表し、プロレタリア文学の理論家として活動を展開します。のち、転向して日本浪曼派に属し、日本の伝統の中に自己と民族の再生の道を求め、古典・仏教美術に深い関心を寄せ文明批評を展開しました。著書に『大和古寺風物誌』『日本人の精神史研究』など多数。読売文学賞・芸術院賞・菊池寛賞を受賞。芸術院会員。

栗林敏夫

1903（明治 36）年６月 23 日〜
1990（平成２）年９月 14 日
埋葬場所：15 区 1 種 13 側

　治安維持法違反事件などで弁護人を務めたのは栗林《くりばやし》敏《とし》夫《お》です。秋田県出身。1930年中央大学法学部を卒業し、弁護士となります。最高裁開設準備委員会幹事を務め、戦後は司法法制審議会幹事として裁判所法などの法案起草委員も務めました。戦前、戦中に日本共産党の宮本顕治など同党幹部の治安維持法違反事件などで弁護人を務め、朝鮮人政治犯の釈放運動などでも協力しました。終戦後、政治犯として18年間獄中生活を送っていた徳田や志賀ら日本共産党幹部の出獄のため法的手続きを行い、ＧＨＱに掛け合い出獄の手助けを行いました。

6 1960年という激動の年

浅沼稲次郎 ● 馬島僩 ● 麻生良方 ● 浅沼享子

1960(昭和35)年は戦後日本にとって激動の年でした。安保改定阻止国民会議を通じて安保闘争が起きましたが、これを指導したのが日本社会党委員長の浅沼稲次郎《あさぬまいねじろう》です。東京・三宅島出身。1918年早稲田大学予科に入学します。相撲部の副主将をつとめながら雄弁会に属し、民人同盟会・建設者同盟を組織し、ロシア飢餓救済運動、軍事研究団反対運動を指導しました。卒業後も社会主義運動を継続し、1925年日本初の単一無産政党である農民労働党書記長に27歳の若さで抜擢されるも、結党わずか3時間で政府の命により解散。翌年、日本労働党に参加。32年無産政党を糾合して、全国労農大衆党が結成されるやこれに参加。麻生久に心酔し、国家社会主義路線を支持、中央常任委員を務めます。33年東京市会議員、36年衆議院議員に初当選。体調不良のため戦時中の立候補を辞退したことで、戦後の公職追放を免れます。

戦後は、日本社会党創立に参加し組織部長になりますが、指導的立場であるトップメンバーが次々と公職追放されたため、浅沼が中心的存在となりました。1948年書記長に就任。51年のサンフランシスコ講和条約に反対する左派と、賛成する右派が党内で対立し、社会党は右左分裂してしまいます。浅沼は右派社会党の書記長となり、55年分裂していた右左の統一を実現させ、日本社会党書記長に就任。そして、60年に3代目の日本社会党委員長となり、60年安保闘争の先頭に立ち、米国との安保条約破棄を目指します。同年10

浅沼享子
1904（明治37）年2月1日～
1981（昭和56）年3月10日
埋葬場所：18区1種3側12番

浅沼稲次郎
1898（明治31）年12月27日～
1960（昭和35）年10月12日

墓石は前面「浅沼稲次郎之墓」。裏面は妻の浅沼享子の名も刻む。墓石後ろの壁には、左側に浅沼稲次郎直筆の「解放」、右側に浅沼稲次郎の碑文がある。

月12日、日比谷公会堂で自民・社会・民主3党首立会演説会が催され、浅沼は演説中、突然壇上に上がってきた右翼少年の山口二矢《やまぐちおとや》に刺殺されました。享年61歳。この凶行に倒れる様子は全国生放送され、日本中にショックを与えました。

浅沼は「人間機関車」と称され、行動型の現実的政治家として注目されることも多く、選挙の時は度々刺客を送り込まれていました。第18回衆議院議員総選挙には全国労農大衆党から〝帝国主義戦争絶対反対〟のスローガンを掲げて出馬しましたが、投票前夜の１９３２年1月21日、社会民衆党公認候補の馬島僴《まじまゆたか》が、「満州を支那に返せという大衆党（浅沼）は国賊である」とのビラを全選挙区にばらまきました。この選挙前夜の中傷と妨害に怒り、浅沼派の運動員40人が馬島の事務所を襲撃します。馬島派運動員20人がこれに応戦して負傷者を出す大乱闘となり、運動員は全員検挙。この乱闘の結果、東京4区から立候補した浅沼と馬島は共に落選。全体の選挙結果は浜口雄幸内閣の民政党（１４６議席）が敗北し、政友会（３０３議席）が圧勝するという番狂わせが起きました。

馬島は徳島県出身。愛知県立医専を卒業後医者となり、賀川豊彦の神戸スラムでの貧民救済運動に共鳴して、貧困層に無料で診察を施す友愛診療所を設立し医療救済にあたりました。シカゴ大学やベルリン大学で産児調節を学び、帰国後は海外で学んだ避妊法を日本で初めて紹介。日本人用に改良した「馬島ペッサリー」を考案しました。また関東大震災の被災者救済運動や、産児調節運動を推進しリーダーとして活動。28年東京に労働者診療所を開設し、翌年東京市議会議員にもなります。戦後は、吉田茂首相の依頼で日本人口爆発の対策指導、中国の周恩来首相の依頼で中国人口爆発対策の指導を行いました。

１９６０年、浅沼は第29回衆議院議員総選挙に東京1区から出馬します。刺客として対立候補になったのは民社党の麻生良方《あそうよしかた》。浅沼が師匠として仰いだ麻生久の息子で、浅沼の秘書を務めていた人物です。

麻生は東京生まれ、早稲田大学を中退し、１９５０年社会党本部に入り浅沼の秘書になります。60年社会党を離党し民社党の結成に参加。そして、自身の師匠である浅沼の刺客として立候補しました。しかし、浅沼が暗殺されてしまいます。突然の訃報に対して、社会党は浅沼の妻の浅沼享子《あさぬまきょうこ》を代理で擁立して立候補させ、見事当選を果たしました。一方、対立候補の麻生は裏切り者と批判され落選。ただし次選挙以降は麻生が当選（通算４回）しています。

夫の急死で担ぎ上げられ立候補し衆議院議員になってしまった浅沼享子は東京出身。１９２５年頃、喫茶店で働いていたところ、その店が社会主義運動活動家のたまり場となっていた縁で浅沼稲次郎と出会い、結婚。妻となってからは、公私にわたり夫を助けました。夫婦は生涯風呂なしアパート住まいの庶民派。１９４５年に自らも社会党に入り、婦人問題研究会常務理事を務めていました。

馬島僩

1893（明治 26）年 1 月 3 日〜
1969（昭和 44）年 10 月 5 日
埋葬場所：18 区 2 種 56 側

麻生良方

1923（大正 12）年 12 月 15 日〜
1995（平成 7）年 2 月 21 日
埋葬場所：9 区 1 種 13 側
麻生良方の墓石は父の「麻生久之墓」と川上丈太郎の書で刻む。

7 命懸けで行動した社会福祉事業家　その1

山室軍平・北原怜子・賀川ハル

多磨霊園には社会福祉事業家と称された特筆すべき人物たちも多く眠ります。

キリスト教プロテスタントの慈善団体「救世軍」。1865年にイギリスの牧師、ウィリアム・ブースと妻キャサリンによって、ロンドン東部の貧しい労働者階級に伝道するためにキリスト教伝道会を創設。軍隊式の組織編制、メンバーの制服・制帽・階級章類の着用、軍隊用語の使用などを採用し、1878年創設者のウィリアムが「Not volunteer army, but Salvation army（義勇軍に非ず、救いの軍なり）」という天啓を受けて「救世軍」と改称。現在は特別協議資格を持つ国連NGOで、世界128の国と地域で活動しています。

日本では、山室軍平《やまむろぐんぺい》らにより布教活動が行われました。山室は岡山県出身。乏しい農家に生まれ幼少期に養子に出されるも戻り、上京して活版工となります。教会主催の英語学校で学んだことでキリスト教に入信。苦学して築地伝道学校、同志社大学神学校で学び、1891年の濃尾地震の際に、同郷の石井十次と孤児救済の活動を行いました。1895年に英国救世軍の来日を機に従軍。日本最初の士官として日本救世軍の創設発展に尽力。その後娼妓自由廃業運動を開始し、労働紹介所の設置、歳末慈善鍋（社会鍋）、児童虐待防止運動、結核療養、婦人・児童保護、貧困者医療などに携わりました。また救世軍ブース記念病院、救世軍

北原怜子

1929（昭和４）年８月22日～
1958（昭和33）年１月23日
埋葬場所：12区１種25側

山室軍平

1872年９月１日（明治５年７月29日）～
1940（昭和15）年３月13日
埋葬場所：15区１種11側１番

同墓には先妻で日本救世軍の母と称された山室機恵子、後妻の山室悦子、軍平と機恵子との長女の山室民子、長男の山室武甫が眠る。全員社会事業家として活躍。
左の写真は救世軍士官墓地（7区１種５側１番）。

療養所を開設。１９３０年にアジアで初めて中将となりました。

多磨霊園には救世軍士官墓地（7区1種5側1番）、救世軍人墓地（チャールズD、2区2種2側23番）、救世軍社会部墓地（社会事業、2区2種14側42番）と日本救世軍の墓所が3ヶ所あります。

戦後間もない１９５０年頃、仕事のない人々に日雇いで廃品回収をさせ再生工場へ送る事業が行われていました。その廃品仕切場となっていた東京・墨田公園の一角を「蟻の町」（蜂の会）と称し、労働者（バタ屋）の生活共同体がありました。バタ屋の生活は貧しく苦しく、教育も行き届いていませんでした。この町にあえて移り住み、子どもたちの教育にあたったのが「蟻の町マリア」と称され親しまれた北原怜子《きたはらさとこ》です。

怜子は東京出身。父は経済学者の北原金司（同墓）の三女。桜蔭高等女学校、昭和女子薬学専門学校を卒業した令嬢。１９４９年光塩女子学院にて受洗。洗礼名はエリザベス、堅信名はマリア。１９５０年東京都から強制立ち退きを阻止するべく蟻の町に教会を設立し孤児救済に動いていたゼノ神父と出会い、自らも蟻の町での奉仕を始めました。怜子は次第に「持てる者が持たない者を助ける」という姿勢に疑問を抱くようになり、自ら「バタ屋」となって廃品回収を行い、町の子どもたちの教育にあたるようになります。その姿は称賛されましたが、体力の無理が祟り結核を患ってしまいます。いったん療養のために離れますが、病状が悪化し治療方法がないと悟ると、再び蟻の町に戻りました。末期の状況の怜子は十字架が立った建物の近くに住み、東京都から幾度となく立ち退き要求が出される前で、ひたすら祈り続けました。１９５３年１月19日、東京都は蟻の会の要求を全面的に認め、蟻の町の８号埋立地（枝川、現在の潮見２丁目）への移転許可を決定。怜子はその決定の４日後に28歳の若さで息を引き取りました。この年に松竹は『蟻の街のマリア』と題して映画化しています。

賀川ハル

1888（明治 21）年 3 月 28 日〜
1982（昭和 57）年 5 月 5 日
埋葬場所：3 区 1 種 24 側 15 番（松澤教会会員墓地）

豊彦・ハル夫妻が眠る松澤教会会員墓地には、長男で教会音楽家の賀川純基、政治家の杉山元治郎、社会運動家の村島帰之、小説家の鑓田研一、オリジン電気創業者の後藤安太郎、洋画家の佐竹徳など 100 名を超える会員も眠る。

　スラム救済事業を行っていた賀川豊彦の妻の賀川《かがわ》ハルも夫と共に救済事業を行い、夫亡き後も事業を引き継ぎ尽力した一人です。神奈川県横須賀出身。旧姓は芝。父の転勤で神戸に転居し、印刷女子工員をしていました。１９１１年に豊彦のスラム救済事業を知り、仕事を続けながら奉仕活動に参加。13年に豊彦と結婚。スラムに住み巡回看護婦の仕事を毎日続けるうち、悪性のトラホームに感染し右目を失明してしまいます。それでも救済活動を継続し、21年神戸の川崎・三菱造船所の労働争議に覚醒婦人協会会長として労働者の救援活動、翌年、豊彦とともに財団法人イエス団を設立し理事に就任。関東大震災の被災者援護、松沢幼稚園開設、福祉法人雲柱社の理事と精力的に活動。戦後、１９５６年から日本基督教婦人矯風会の理事を務め、豊彦没後は、イエス団、雲柱社の理事長として夫の事業を引継ぎました。81年に69年間に及ぶ社会福祉活動の功績により名誉都民として顕彰されました。

8 命懸けで行動した社会福祉事業家 その2

石井筆子・石井亮一

現代になりやっと発達障害や知的障害にも様々な種類があることがわかってきて、早期療養を行うことで社会に適応でき、また周囲に認知されることで活躍できるという認識になってきています。しかし、世間がそのような意識となったのは最近で、それ以前は、知的障害者は長い間、白痴や痴愚と呼ばれ、働く能力がない者として差別を受け、法令で義務教育の対象からも除外されていました。また世間の風当たりも強く、家柄を気にする時代であったため、病院や自宅の座敷牢に隔離されることもあったといいます。

石井《いしい》筆子《ふでこ》は肥前国（長崎県）の大村藩士で男爵の渡辺清の長女として生まれ、華族の令嬢として育てられました。12歳の時に家族で上京し、東京女学校を卒業。幼少より英語、フランス語、オランダ語に堪能な才媛として『ベルツの日記』にも紹介されています。１８８０年に皇后の命によりオランダ行使の随行員として女性でただ一人選ばれ、フランスに留学。帰国後、農商務省官吏の小鹿島果と結婚。華族女学校嘱託としてフランス語の教鞭をとり、鹿鳴館の舞踏会に出かけるなど貴族生活を送っていました。

１８８６年長女が誕生。半年が経っても首がすわらず発育が遅いことに疑問を抱き、病院で検査をした結果、白痴と診断されます。その後、次女は幼くして没し、１８９１年に授かった三女も虚弱児で発達障害がありました。近所の噂もひどく、その時の心の支えとなったのが、フランス人の法学者ボアソナードからの助言。真の近代文明とは人が人である限り生命と人格を最大限尊重することが重要であるという「人権」という考え方でした。

筆子は仲間を募り、「婦人教育ノ普及ヲ計リ其徳操ヲ養成スルヲ目的トス」る大日本婦人教育会を結成。女子教育活動や福祉活動を精力的に行います。そんな折、１８９２年夫が病死。夫との間に男子がなく、娘二人も障害者であり婿が取れないと判断した小鹿島家は、末弟に家督を継がせることとし、筆子は離縁されました。実家の渡辺家に戻るも実母は没しており、父には後妻がいたことから厳しい立場でした。この時期に、震災孤児の保護養育施設の聖三一孤女学院（後の滝乃川学園）の石井亮一を知り訪ねます。亮一の人柄や生徒に同じ目の高さで接する姿に感動し、自分の子どもを預けることにしました。

石《いし》井《い》亮一《りょういち》は鍋島（佐賀県）藩士の子。大須賀家の養子。立教女学校教諭であり、後に立教大学教頭や頴暉女学校校長をしながら、聖公会の支援や私財を投じて、１８９１年の濃尾大地震の震災孤児をひきとり、全寮制の保護養育施設の聖三一孤女学院を創設します。１８９８年アーウィン知的障碍学校やセガン・スクール等の視察、知的障害教育の先駆者エドアール・セガンの未亡人に直接治療教育法や精神薄弱児専門の教育の理論を学ぶため渡米。帰国後、精薄児教育に専念し、その成果を「白痴児、その研究および教育」（１９０４年）にまとめています。同時期に、文部大臣の要請でデンバーにて開催される婦人倶楽部万国大会日本代表として筆子と津田梅子も渡米しており、渡米先で亮一と運命の再会をしています。この時、シカゴの棄児院などの社会事業施設を一緒に見学しました。

帰国後、筆子と津田梅子は華族女学校教師を退職し、梅子は女子英学塾を創立（後の津田塾）、筆子は兼務していた華族女学校幼稚園主事と女紅学校主宰の全てを辞職し、静修女学校校長に専念。また亮一も立教大学と頴暉女学校を辞任、大須賀家からも離籍して石井姓に戻し、聖三一孤女学校を滝乃川学園と改称して学園長となり、知的障害児童を積極的に受け入れました。これは日本初の知的障害児教育の学校となります。

1902年筆子は静修女学校閉校に伴い校長を辞任し、女子教育は梅子に一任。自身は滝乃川学園に長女と住み込みで支えることを決意。この時に持ち込んだのは結婚祝いで父から贈られたピアノ。このピアノは現存しており、日本最古のピアノとして文化財指定されています。

1903年、周囲の反対を押し切って、亮一と筆子は結婚。この時、亮一は37歳、筆子は39歳（実際は43歳）でした。亮一が米国から持ち帰った知的障害教育の理論を遂行。まず日常生活を通して子供たちの五感を刺激させ、脳の発達を促す指導を苦戦苦闘しながら指導し続けます。知的障害者が白痴児とレッテルを貼られ育てられた生活面を改善させることで、少しずつできなかったことができるようになる姿に驚かされました。また併設された保母養成部で英語、歴史、習字、裁縫などを教えました。

1920年男子児童の火遊びが原因で滝乃川学園が全焼する事件が起きました。取り残された園児を救出するため、筆子ははしごを利用し二階にあがる際に転倒し片足を痛め、以後、不自由な身となります。この火事で園児6人が亡くなり、学園の再建のメドも立たず、資金もなく、亮一は学園閉鎖を決めました。それを聞きつけた東京女学校時代の同級生・穂積歌子（法律家の穂積陳重の妻）と、父の渋沢栄一が来て、学園の援助を申し出ます。また貞明皇后（大正天皇の皇后）など華族女学校時代の教え子たち、元同僚、各種財

石井筆子
1865（慶応元）年4月27日～
1944（昭和19）年1月24日

石井亮一
1867（慶応3）年5月25日～
1937（昭和12）年6月14日

埋葬場所：8区2種13側1番
墓石裏面には両名の生没年月日が上記に記されている通り刻むが、亮一との再婚の反対の声を黙らせるため、筆子の叔父の渡辺昇が、戸籍の出生を変え、2歳差の39歳に変更させた。本当は6歳差。実際の筆子の生年月日は、1861（文久元）年生まれ。享年82歳が正しい。

界人たちの寄付金が総額10万円（現在の価格で4千万円）集まりました。これにより、財団法人として学園を再建。初代理事長に渋沢栄一をむかえ、改めてスタート。筆子はこの頃より、童話集を多数出版していきます。

1937年亮一が亡くなります。また日本は戦争へと突入していき、学園生や職員に召集令状が届くなど、学園経営の資金繰りも厳しい状況に陥ります。学園を閉鎖するべきかと思い悩んでいた筆子の脳裏に亮一の言葉が蘇ります。

「人は誰かを支えている時には自分のことばかり考えるけど、実は同時に相手からどれだけ恵をもらっているかは気付かないものだ。これを忘れてはいけない」

筆子は自身が2代目学園長に就任し、滝乃川学園の存続を決定。半身不随の身でしたが、職業訓練の設備拡充と一般小学校へ養護学級設置への働きかけを理念として活動を続けました。

終章

多磨霊園について

1　都営霊園の歴史と多磨霊園の誕生

多磨霊園は東京都府中市と小金井市をまたいだ敷地に、1923（大正12）年2月23日に都営霊園として開園しました。当初の呼び名は「多磨墓地」。「多摩」ではなく「多磨」であるのは、現在の東京都府中市東部に位置する多磨霊園一体の地域名が「多磨村」であったことに由来します（1954年、多磨村と府中町、西府村が合併し府中市となり多磨村は廃止）。現在東京都営の霊園は青山、雑司ヶ谷、谷中、染井、八柱、小平、八王子、そして多磨霊園の8か所です。開設された順からすると多磨霊園は5番目です。

都営霊園の歴史の始まりは、徳川幕府から明治新政府になったところまでさかのぼります。

江戸時代の税＝年貢納を管轄していたのは寺院でした。お寺の檀家制度は今でいう役所の戸籍制度の役割もあり、その村に誰が住んでいるのかを管轄していたのです（寺請制度）。明治政府となり、藩幕体制下の寺請制度廃止による寺院墓地からの離脱等の理由により、市民のための新たな墓地が必要となります。そこで政府は明治5年7月から、皇族の埋葬地であった青山百人町の足し山（立山）と、渋谷羽根沢村の一部を一般市民墓地として埋葬許可を出します。更に11月、青山元郡上藩邸跡、雑司ヶ谷元鷹部屋敷跡、上駒込村元建部邸跡、深川敷矢町元三十三間堂跡の4か所を追加。明治7年6月太政官布達により「墓地取扱規則」が公布され、規制に基づき東京府は前述した6か所に、谷中（元天王寺）、橋場（小塚原旧火葬地）、亀戸（出村罹漢寺）を加え、9か所を市民の共葬地としました。明治22年市制施行により東京市が誕生すると、5月「市区改正設計」（都市計画）における「共葬墓地」に指定されました。これは後に、昭和18年東京都制施行に伴い東京都墓地（のちに霊園）となり、現在に至ります。

明治後期には東京市内の人口が増えてきたため、深川、羽根沢を廃止。大正時代に入ると、更なる東京市街地の人口増加に伴い、東京市外の墓地の造営が必要となりました。当時、東京市公園課長の井下清《いのしたきよし》（8区1種18側18番）が、欧米諸国の墓地研究を行い、1919（大正8）年より公園墓地の構想・計画を提出しました。

1920年12月14日に東京都市計画多磨共葬墓地が決定、告示され、その面積は30万坪。翌年より東京市土木部公園課を創設し墓地掛が誕生。年末には用地買収が完了します。これに伴い、亀戸、橋場の廃止と、都内寺院の墓地を多磨霊園内への移設を促していくことになります。1922年1月より工事着手され、1923年2月23日に東京市墓地使用条例制定、約3万坪造成、建設費約125万円とされ、さらに東京市多磨墓地埋葬場所受託規定が制定されました。この時期の東京市の人口は約230万人です。

2 多磨霊園の歴史

多磨霊園は1923年4月20日から初の公園墓地として供用開始されました。ところが開園当初はまったく不人気で、都内の寺院からの墓地移転も活発ではありませんでした。初年度の使用者は578人しかいなかったという記録が残っています。

開園同年の9月1日関東大震災が発生。関東大震災後の都市計画により、罹災寺院の檀家墓所の改葬を求めるため、東京市が寺院専属区画を多磨霊園の3、4、5、7区の一部に設けました。従ったのはわずか14寺院のみでしたが、多磨霊園が大正時代にできた霊園であるにもかかわらず、この区域に江戸時代や明治期の墓所が多くあるのはそのためです。

1926年中央線武蔵小金井駅開設、29年北多摩鉄道（西武多摩川線）開通で多磨墓地前駅（現在の多磨駅）開設、同年には京王電気軌道多磨駅（のちの京王線多磨霊園駅）開設。多磨霊園までの乗合バス（京王バス）なども開通と、多磨霊園へのアクセスが徐々に良くなります。また都市計画や青山霊園の縮小計画での墓所移転など、半ば強制的に多磨霊園への移行を進めました。それでも、慣れ親しんだ寺院からの改葬に都民の腰は重く、加えて郊外というイメージが強かった多磨霊園の人気はよくありませんでした。

しかし、ある人物が多磨霊園に眠ることが決まり、爆発的に人気霊園となります。その人物とは、日露戦争の英雄・東郷平八郎です。1934（昭和9）年6月5日に東郷平八郎が死去し、国葬が営まれることになります。東郷家は青山霊園に墓所を持っていましたが、一般的な墓所であったため国葬にふさわしくないという理由で東京市が多磨霊園に名誉霊域をつくり、その地に埋葬することを決定。これにより、東郷平八郎と同じ霊園で眠りたいと一気に人気が高まったのです。

1935年から「多磨墓地」という名称を「多磨霊園」に改称。1936年の二・二六事件で亡くなった重鎮たちのお墓が多磨霊園に建立され、1938年に二・二六事件で命を落とした高橋是清の旧宅が多磨霊園の有料休憩所として移築され「仁翁閣」として開設（現在は小金井公園の江戸東京たてもの園に復元）。翌年には区域拡張で面積40万2302坪となり、以降もどんどん拡張していき、1963（昭和38）年には現在の26区までの広さになります。その後は面積拡張ではなく、芝生墓地、壁墓地、ロッカー式墓地みたま堂、合葬式墓地などを設置していきます。

なぜ多磨霊園には有名人のお墓が多いのか

東郷平八郎の埋葬で人気が高まった多磨霊園は、その後、太平洋戦争で戦死した山本五十六、古賀峯一が名誉霊域に埋葬されたことにも後押しされ、地方出身者で東京に移住した戦死者の家族のお墓が多数建立されるようになってきます。

寺院もそうですが、墓地の購入とはあくまで土地を借りて墓石を建てることであり、土地を購入することではありません。東京都から土地を借り、毎年管理料を納め使わせていただいている、というのが正しい解釈です。多磨霊園が現在の管理料制度を採用したのは、１９６２（昭和37）年からです。それ以前は、東京都に永代使用料という土地代を最初に納めれば永続的に使用できました。

１９２６（大正15）年、お墓掃除を代行する掃除料制度ができ、毎年支払いをすることで東京市が墓所を掃除してくれるようになりました。32年に掃除料準永代制となり、39年からは掃除料永代制となって、掃除も永年してもらえるようになりました。今でもその名残を、墓所入口に「永掃」とはめ込まれた古い墓所で見ることができます。とはいえ、掃除代を一気に納めることができるのはそれなりの富豪の象徴でもあり、一般庶民全員が活用できた制度ではありませんでした。戦後、１９４８年に掃除料永代制を廃止。53年には掃除料制度も廃止し、管理料制度に切り替えました。掃除料を払わない人がいることと、多磨霊園の拡張に伴い墓所掃除の手が行き届かなくなった背景があります。そこで、通常石材屋と茶屋は別々にお店を持ち運営しているのが当たり前の時代でしたが、多磨霊園では石材屋が茶屋も兼ねるようになります。石材屋がお墓を建てるだけではなく茶屋も兼ねてお花も売り、お墓掃除も代行して、墓参者のあらゆる面をサポートする店となっていきます。

このように時代とともに変化していく過程で、多磨霊園内の墓所地は満杯になりました。空きがない状況になる中でも、多磨霊園にお墓を求める希望者がいます。茶屋も兼ねた石材屋には、希望する声と同時にお墓を別地へ改葬する人の相談もあり、管轄していたお墓が無縁墓地となってしまう事態にも直面します。石材屋が求める人と出る人の仲介役となるケースが増え、東京都への申請も代行します。著名人の多くが多磨霊園に墓所地を得ることができたのも、一般人よりも支払い能力が高く、また石材屋の力もあったことが伺えます。

墓地が不要になって返還する際に、同時に別の者がその墓地に新たな使用申請をすればその者に使用許可が下りる「ひも付返還」と称された方法は、是が非でも多磨霊園に墓所が欲しいと希望する者にとって最良のやり方でした。同時にお金で墓所を得たい者も現れ、それを悪用する石材屋が現れたのも事実です。希望者は石材屋に賄賂や金を積む。逆に空いた墓所地を高額で売買し出す石材屋も現れ、挙句には無縁墓地になっていない墓所地を勝手に売りさばく人も出てきました。これは東京都としても見過ごせません。１９６２（昭和37）年多磨霊園の使用に関しては公募抽選制となり、受託制度は完全に停止となりました。

「碑石形像《ひせきぎょうぞう》」の多磨霊園

東京市の公園墓地の建設計画の中で早くから構想にあったのは、碑石形像場所をつくることでした。生前の治績を刻んだ碑石や在りし日の温容を懐かしむことができる形像などを霊園内に設置することは、造園的観点からみても、造形物が公園墓地の点景となり、墓地全体の品位を高めると考えられたのです。

多磨霊園開設以降、園路の角や園地植込みの一角など、人目につくところに様々な人物等の碑石形像類が設置されました。数十年昔に多磨霊園管理事務所内に保管されている碑石形像区域として許可された一覧表を拝読する機会があり、それによると34か所あります。この中に、７３１部隊の精魂塔である「懇心平等万霊供養塔」（２１０ページ）があり公表に繋がりました。

また、多磨霊園管理事務所が認めている34か所に加え、個人的には「大山家」の墓所（16区1種20側）内

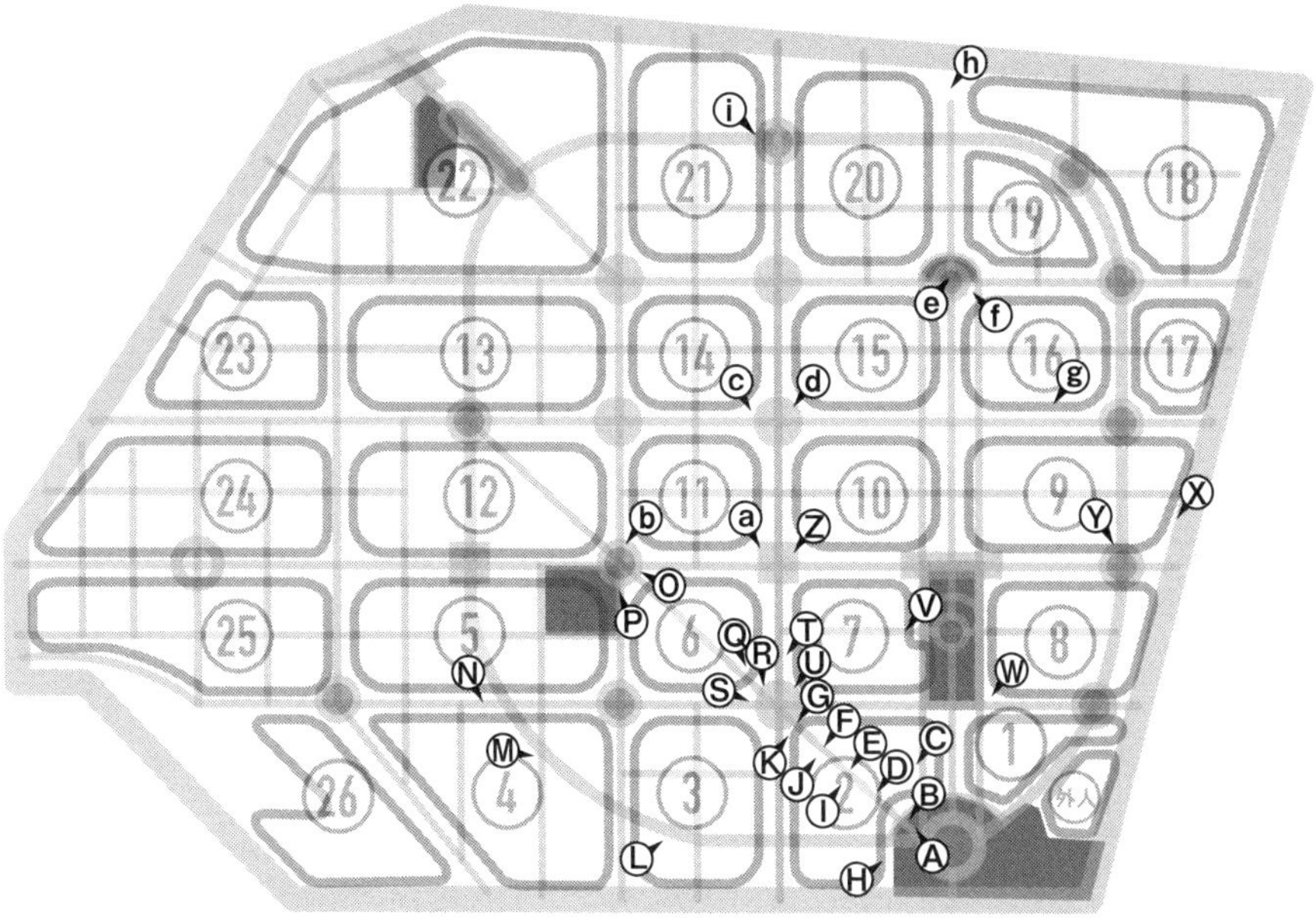

「碑石形像」所在地図

A	関直彦記念胸像碑	正門方面の 2 区 1 種 6 側の角地
B	池田宏記念碑	正面入口近くの 2 区 2 側と 6 側の角
C	安井誠一郎像	2 区 1 種 2 側 37 番 墓所の横角
D	鳥居龍雄君碑	2 区 1 種 6 側沿いのバス通り角地
E	鳥居龍蔵記念碑	2 区 1 種 6 側沿いのバス通り角地
F	長野清秋記念碑	2 区 1 種 6 側沿いのバス通り角地
G	山井清溪記念碑	2 区 1 種 6 側沿いのバス通り角地
H	佐佐木信綱歌碑	正門入り口の大森休憩所脇
I	吉田久庵記念碑	2 区 1 種 7 側沿いのバス通り角地
J	岩谷莫哀歌碑	2 区 1 種 7 側沿いのバス通り角地
K	神野信一碑	2 区 1 種 7 側沿いのバス通り角地
L	丸山敏雄記念碑	3 区 1 種 34 側
M	岩田鶴皐碑	4 区 1 種 21 側と 30 側の角地
N	懇心平等万霊供養塔	5 区 1 種 18 側 1 番
O	藤山雷太翁顕彰碑	6 区 1 種 12 側と 16 側の角地
P	直木三十五追悼碑	6 区 1 種 2 側と 8 側の角地
Q	川田鉄弥記念碑（高千穂学校）	6 区 1 種 13 側沿い服部金太郎翁碑の裏
R	服部金太郎翁碑	6 区 1 種 13 側と 9 側のバス通りに面した角地
S	海軍大佐水城圭次君碑	6 区 1 種 1 側と 5 側の角地
T	小林一茶句石	7 区 1 種 7 側 1 番（川井家墓所内）
U	新渡戸稲造像	7 区 1 種 5 側と 7 側のバス通りに面している角地
V	軍刀報国	7 区 1 種 2 側と 11 側の角地
W	丹羽海鶴記念碑	8 区 1 種 5 側沿い
X	戦歿将士供養地蔵尊	9 区 1 種 25 側と 34 側の間、角地の木陰
Y	天野為之先生頌徳之碑	9 区 1 種 9 側と 7 側の円路角地
Z	馬場鍈一胸像碑	10 区 1 種 7 側と 9 側のバス通りに面した角地
a	山本条太郎胸像碑	11 区 1 種 2 側と 9 側のバス通りに面した角地
b	万霊供養石燈篭他	11 区 1 種 1 側と 5 側の間
c	吉田絃二郎句碑	14 区 1 種 2 側と 9 側のバス通りに面している角地
d	山室軍平句碑	15 区 1 種 7 側と 9 側のバス通りに面した角地
e	根津嘉一郎万霊供養大石灯篭	15 種 1 区 2 側と 16 区 1 種 2 側の間の円路中央
f	小橋一太君碑	16 区 1 種 2 側 1 番
g	大山康晴「王将」碑	16 区 1 種 20 側
h	敬仰忠烈	20 区 1 種 51 側と 58 側の間
i	木俣曲水頌徳碑	21 区 1 種 26 側と 31 側バス通りに面している角地

に建つ「十五世名人　大山康晴「王将」碑」を加えています。一般墓所内で大山康晴の墓所ではありませんが、必見の価値があると感じています。

幻の碑石とされるものもあります。財界人で京王電気軌道株式会社社長などを務めていた穴水熊雄《あなみずくまお》の記念碑が、穴水家墓所（10区1種7側）近くの10区に建立する予定で使用許可も受けていましたが、戦争悪化のため建立困難で断念したといいます。

多磨霊園に墓所がない人物の碑石もあり、碑石を回るだけでも歴史に触れることができます。

十五世名人 大山康晴「王将」碑

戦争と多磨霊園

名誉霊域通りの先に、霊園のシンボルともいえる巨大なコンクリート造りの噴水塔があります。塔は八角形で高さは15m、１９３０（昭和５）年6月に建設されました。躯体には機銃弾痕が残っています。

この噴水塔は、「八紘一宇《はっこういちう》」をイメージして建てられたといわれています。「八紘一宇」とは、大東亜共栄圏建設の理念として用いられた言葉。第二次近衛文麿内閣が決定した基本国策要綱の中の〈皇国ノ国是ハ八紘ヲ一宇トスル肇国ノ大精神〉に由来し、「日本書紀」の〈八紘《あめのした》を掩《おお》ひて宇《いえ》にせむ〉を「全世界を一軒の家のような状態にする」と解釈したもの。戦時中、日本の大陸進出の正当化に利用されました。

本来この語は侵略思想を示すものではなく、人道の普遍的思想を示すものにすぎないといわれます。もともとは１９０３年に田中智学が国体研究に際して日本的な世界統一の原理とした造語「八紘為宇」として使用されていました。それを、１９４０年に近衛文麿が「八紘一宇」として公式の場で使用、当時は皇紀（神武紀元）２６００年に当たることもあってこの言葉が流行、政治スローガンになっていったという背景があ

「敬仰忠烈」の忠霊塔

多磨霊園のシンボル「噴水塔」。現在は老朽化のため周囲を柵で囲み入れなくなっている

ります。よって、多磨霊園の噴水塔は1930年に建ったことから、40年以降の「八紘一宇」を表すものという説とは矛盾します。

戦時中の多磨霊園は近くに陸軍調布飛行場があり、帝都防空戦戦闘機隊が置かれ、霊園上空には頻繁に飛行機が飛び交っていました。戦争末期には調布飛行場の部隊の出張所が仁翁閣に置かれ、無料休憩所は飛行機修理の工場になりました。また仕事が減った石材屋には中島飛行機会社の機材が運ばれ、石の細工場は飛行機製造場へと変わりました。飛行場から霊園まで誘導路を作り、園内に飛行機を格納。霊園内周辺にも飛行機を隠す掩体壕《えんたいごう》跡が今でも多数残っています。

このように戦時中の多磨霊園は軍事色の強い場所となり、いつしか八角形でつくられた噴水塔が「八紘一宇」のシンボルとされていったのでしょう。

名誉霊域道と噴水塔を直線で結ぶ先端には、敗戦末期に「敬仰忠烈」の忠霊塔も建てられました。忠は「まごころ」、霊＝烈、塔＝碑、「忠烈碑」ともいいます。忠烈＝忠勇義烈。忠義で勇気があり、正義の心が強く激しいという意味です。東京都長官をしていた陸軍大将の西尾寿造《にしおとしぞう》（16区1種8側）の書で建立されました。皮肉にも建立した半年後に敗戦を迎えます。

おわりに

「歴史が眠る多磨霊園」のホームページは、1998年に開設し、現在に至るまでほぼ毎週欠かさず新たな記事を掲載し続けています。私の「掃苔《そうたい》」をする喜びは3つあります。

1つ目は発見の喜び。多磨霊園の広さは東京ドーム27個分に相当する広さ（128万237平方メートル）の場所に40万の御霊が眠ります。お墓を一基一基調査して、著名人のお墓を発見した時の感動は、まるで宝探しで宝を発見したような気持ちです。20年前はデジタルカメラも普及する前でしたので、24枚撮フィルムを何本も持参し、ある程度特定した後に写真を撮り現像。費用も時間もかかり、ピンボケしてしまっているものも多数。現在は枚数を気にすることなく撮影でき便利になりました。

2つ目は調査したお墓に眠る人たちの生前の記録探しです。墓所内に建つ碑石や、墓誌に刻む簡略歴、勲章受章の情報は特定しやすいのですが、基本的には俗名、生没年月日、行年から探っていきます。20年前はインターネットが出始めたばかりで検索をしても何も引っ掛かりませんので、もっぱら図書館で調べました。また古本屋で色々なカテゴリの人名辞典を購入。現在はインターネットである程度の事前情報を入手できるようになったので、人物史をまとめやすくなりました。

3つ目は公開した人物のご遺族からご連絡を頂戴する喜びです。親戚の集まりで先祖に有名人がいると知った若い世代は人物検索をします。すると「歴史が眠る多磨霊園」にヒットするケースが多く、サイトを通して先祖を知ることができたという喜びのメールなどをけっこう頂戴します。

有難いことにご遺族から否定的な意見をいただいたことはほとんどなく、むしろ好意的なお声をいただきます。また、人物の正式な呼び名などのご指摘をいただき、意外に人名辞典の誤りも多いと感じています。ご指摘をくださるのはご子息など関わりが深かった人たちが多く、人名辞典には載っていない逸話や、当人に関する実話などを教えていただきます。それはご遺族の情報提供として掲載しています。

それを読んだ歴史学者、郷土史家、出版社などの方々から連絡をいただくこともあります。研究者からすると大発見もあるそうで、依頼を受けてご遺族の方々に橋渡ししたケースも多数あります。私がハブになることで、亡くなった方々を現代に蘇らせている気持ちを体感できていることが、私がこのような形で「掃苔」している最大の喜びです。

サイト開設20年目の2018年より、「歴史が眠る多磨霊園スピンオフ」と称して「The NEWS」サイト内でコラム執筆のお話をいただき、同じ霊園に眠る方々の生前の横のつながりをベースに、人物紹介や逸話などを1年半の長期に渡り書かせてもらいました。今回書籍化するにあたり、計86作品203名を紹介できました。紙面の都合上、掲載を断念せざるを得なかった人物も多数います。いつか続編をつくりたいと思います。

本書刊行にあたり、書籍化をお声がけくださいました花伝社の平田勝社長、編集に尽力くださいました佐藤恭介さん、山口侑紀さんに感謝申し上げます。また書籍化へのきっかけとなった「歴史が眠る多磨霊園スピンオフ」のコラム連載をサポートしてくださった浅野浩平さん、お繋ぎくださった木村健人さん。そして何よりも20年以上「歴史が眠る多磨霊園」ホームページ運営を行ってくださっている坂口弘さんと、掃苔の面白さに気づかせていただいた小野田石材店にこの場を借りて御礼申し上げます。

令和元年10月22日　多磨霊園著名人研究家　小村大樹

【参考・引用文献】

〈全体〉

『コンサイス日本人名事典』三省堂／『日本女性人名辞典』日本図書センター／『20世紀日本人名事典』日外アソシエーツ／『郷土ゆかりの人物総覧』講談社／『講談社日本人名大辞典』講談社／『昭和史事典』昭和史研究会講談社／『人物20世紀』講談社／『学習人名辞典』成美堂出版／『日本近現代人名辞典』吉川弘文館／『世界人名辞典（東洋篇）』東京堂出版／『山川日本史小辞典』山川出版社／『高知県人名事典』高知新聞社／『栃木県歴史人物事典』下野新聞社／『幕末維新江戸東京史跡事典』新人物往来社／『朝日日本歴史人物事典』朝日新聞社／『新潮日本人名辞典』新潮社／『ブリタニカ国際大百科事典』ベントン財団／『美術人名辞典』思文閣／『日本芸能人名事典』三省堂／『テレビ・タレント人名事典』日外アソシエーツ／『日本歴代知事総覧』政策調査研究会／『事典近代日本の先駆者』日外アソシエーツ／『市民・社会運動人名事典』日外アソシエーツ／『平成新修旧華族家系大成』吉川弘文館／『日本の名門１０００家』新人物往来社／『来日西洋人名事典』日外アソシエーツ／『日本キリスト教歴史大事典』教文館出版部／『日本「キリスト教」総覧』別冊歴史読本新人物往来社／『帝国陸軍将軍総覧』秋田書店／『帝国海軍将軍総覧』秋田書店／『日本陸軍将軍総覧』別冊歴史読本、新人物往来社／『日本海軍将官事典』別冊歴史読本、新人物往来社／『連合艦隊司令長官24人の全生涯』別冊歴史読本付録、新人物往来社／『幕末維新人物総覧』新人物往来社／『現代物故者事典』日外アソシエーツ／『昭和物故人名録』日外アソシエーツ／『人事興信録』人事興信所／『多摩の人物史』武蔵野郷土史刊行会、日新堂書店

〈第１章〉

『安城家の兄弟』里見弴、岩波文庫／『北原白秋記念館公式略歴』／『読売新聞』昭和46年9月25日‐12月6日付、三島由紀夫遺骨盗難事件に関する記事／『読売新聞』平成4年7月1日付、長谷川町子遺骨盗難事件に関する記事／『日本史人物「女たちの物語」』加来耕三＋馬場千枝、講談社＋α文庫／「佐藤英和さんが語る『11ぴきのねこ』誕生のひみつ」『ＭＯＥ』２０１８年3月号／『実録創業者列伝Ⅱ「三島海雲」』学習研究社／『父吉川英治』吉川英明、講談社文庫／『中島敦とその家系』久喜市公文書館／『中島敦の青春一高時代の初期の作品』鷺只雄国文学論考

〈第２章〉

『人間っておもしろい１７０人の人間ドラマ』日本図書センター／『吉野作造こぼれ話』吉野作造記念館／『浮田和民物語自由主義者の軌跡』栄田卓弘、日本評論社／『日本天才列伝　科学立国ニッポンの立役者』学習研究社／『新婦人協会の人びと』ドメス出版／『秘録東京裁判の１００人』ビジネス社／『秘史内閣総理大臣』新人物往来社／『内閣総理大臣ファイル』ＧＢ／『陸軍に裏切られた陸軍大将宇垣一成伝』額田坦芙、蓉書房出版／『詩歌人名事典』日外アソシエーツ

〈第３章〉

『歴代閣僚と国会議員名鑑』ＷＵＭ教育財団政治大学校出版部／『プロジェクトX～挑戦者たち～倒産からの大逆転劇電気釜～町工場一家の総力戦』ＮＨＫ出版／『富士山99の謎』小林朝夫、彩

図社／『私の履歴書：高橋政知』日本経済新聞／『日本陸海軍航空隊総覧』別冊歴史読本、新人物往来社／『朝日新聞』平成10年12月9日付（夕刊）／『萩先賢忌辰録』田中助一、大島書店／『朝日新聞』「神風号の亜欧連絡飛行」に関する記事／『大空のサムライ』坂井三郎、光人社／『みつびし飛行機物語』松岡久光、アテネ書房／『建築家・小尾嘉郎の経歴と建築活動に関する研究』佐藤嘉明、日本建築学会計画系論文集／『建築家人名事典西洋歴史建築篇』丹下敏明、三交社／『株式会社の実際』長谷川安兵衛、東京泰文社／『The Baseball Hall of Fame & Museum 2001』ベースボール・マガジン社／『私の履歴書：井深大』日本経済新聞／『世界大百科事典』平凡社／『日本鉄道物語』橋本克彦、講談社／『10大ニュースに見る戦後50年』読売新聞世論調査部／『21世紀への階段』科学技術庁監修、弘文堂

〈第4章〉

『日本史有名人の子孫たち』新人物往来社／『スポーツ人物誌』朝日新聞社／『昭和スポーツ史オリンピック80年』朝日新聞社／『日本公園緑地発達史』佐藤昌、都市計画研究所／「池原謙一郎さんの功績を偲ぶ先見性に富む『狂会』の創設者」牛木素吉郎、『サッカーマガジン』２００２年4月10日号／『日本のコンピュータパイオニア』コンピュータ博物館／『実録創業者列伝：熱き信念と決断の軌跡』学習研究社／『負けてたまるか』松平康隆、柴田書店／『名監督の条件：松平康隆』／『名監督の条件　いかに人を動かし、いかに勝利を手に入れるか?』ベースボール・マガジン社／『先人たちの語る赤十字：橋本祐子』赤十字ＮＥＷＳ、日本赤十字社／『昭和の墓碑銘』週刊新潮編、新潮新書

〈第5章〉

『カリスマたちの遺言』津田達彦、東京書籍／『ＮＰＯ法人全国不登校新聞社Fonte』（現『不登校新聞』）「牟田悌三のボランティア観」／『探訪女たちの墓』樋口真二、けやき出版／『ルーズベルトの刺客』西木正明、新潮文庫／『上海ラプソディー～伝説の舞姫マヌエラ自伝～』和田妙子、ワック

〈第6章〉

『往生際の達人』桑原稲敏、新潮社／『最新重要人名事典』受験研究社／『音楽家人名事典』日外アソシエーツ／『唱歌「コヒノボリ」「チューリップ」と著作権―国文学者藤村作と長女近藤宮子とその時代』大家重夫、全音楽譜出版社／『米川文子人と芸』吉川英史双調会／Nujabes 公式サイト／『明日の神話岡本太郎の魂〈メッセージ〉』岡本太郎記念現代芸術振興財団（監修）、青春出版社

〈第7章〉

『土木人名事典』藤井肇男、アテネ書房／『江戸東京をつくった偉人鉄人』荒俣宏・榎本了壱（編集）、平凡社／『昭和史事典』毎日新聞社／『新・殺人百科データファイル』日高常太朗、新人物往来社／『甘栗読本　中国甘栗貿易の歴史と未来』中田慶雄、青年出版社／『20世紀事件ファイル　人物で読み解く歴史の真実１１１』新人物往来社／『ＮＨＫ人物録』ＮＨＫアーカイブス／『豪閥地方豪族のネットワーク』佐藤朝泰、立風書房／『読売新聞』２００３年6月2日付／『朝日新聞』２００４年3月3日付／『毎日新聞』２００４年3月5日付／『イブラヒム、日本への旅　ロシア・オスマン帝国・日本』小松久男、刀水書房／『人間ってお

もしろい　シリーズ「人間の記録」ガイド』日本図書センター／『素敵な日本人へ～命をつないだＪＴＢの役割～ＪＴＢ職員大迫辰雄の回想録ユダヤ人輸送の思い出』ＪＴＢ／『人物昭和史２実業の覇者〈相馬愛蔵〉』井出孫六、筑摩書房／『日本の右翼と左翼』宝島社／『海を越えた日本人名事典』富田仁（編集）、日外アソシエーツ／『来日メソジスト宣教師事典』教文館／『葬送のセレモニー』青春出版社／『ジャパン WHO was WHO 物故者事典 1983-1987』日外アソシエーツ

〈第８章〉

『図説２・26事件』平塚柾緒、河出書房新社／『置かれた場所で咲きなさい』渡邉和子、幻冬舎／『二・二六事件の現場　渡邉錠太郎邸と柳井平八』杉並区立郷土博物館／『大蔵省人名録』大蔵省百年史編集室

〈第９章〉

『歴史と旅帝国陸軍のリーダー総覧「児玉源太郎」』佐々克明、秋田書店／『歴史街道２０１１年３月号：児玉源太郎』ＰＨＰ研究所／『図説日露戦争』平塚柾緒、河出書房新社／『日本大百科全書』小学館／『電気通信大学60年史「２‐３海軍も注目」』国立国会図書館によるアーカイブ／『江田島日本の海軍教育』別冊歴史読本、新人物往来社／『井上成美』阿川弘之、新潮文庫／『歴史と旅帝国陸軍のリーダー総覧』秋田書店／『知ってるつもり』（平成13年２月４日）日本テレビ／『外務本省「外交史料Ｑ＆Ａ」』外務省ＨＰ／『日本陸海軍総合事典』秦郁彦（編集）、東京大学出版会／『日本陸海軍航空英雄列伝』押尾一彦・野原茂、光人社／『日本帝国最期の日』別冊歴史読本、新人物往来社／『一死、大罪を謝す陸軍大臣阿南惟幾』角田房子、ちくま文庫／『指揮官たちの特攻　幸福は花びらのごとく』城山三郎、新潮文庫／『大系日本の歴史〈14〉二つの大戦』小学館／『飽食した悪魔の戦後』加藤哲郎、花伝社／『７３１部隊と戦後日本』加藤哲郎、花伝社／『世界スパイ大百科実録99』東京スパイ研究会、双葉社

〈第10章〉

『内村鑑三全集』岩波書店／『昭和史に刻むわれらが道統』小田村寅二郎、日本教文社／『人間臨終図巻』山田風太郎、徳間文庫／『最高裁全裁判官　人と判決』野村二郎、三省堂／『しんぶん赤旗』２００１年２月６日付／『信州の大臣たち』中村勝実、櫟／『私の履歴書：浅沼稲次郎』日本経済新聞

〈終章〉

『多磨霊園』村越知世、東京公園文庫／『井下清先生業績録』前島康彦、井下清先生記念事業委員会／『秘録東京裁判の１００人』ビジネス社

※その他、各紙訃報記事、Wikipedia、各墓所内の墓誌や碑石、ご子息・ご遺族からの情報提供なども参考にした。

小村大樹（おむら・だいじゅ）
掃苔家・多磨霊園著名人研究家。1976 年生まれ。1997 年、大学生の時に多磨霊園の横にある石材屋でバイトをしたことをきっかけに多磨霊園に眠る著名人墓地の散策を始める。1998 年、「歴史が眠る多磨霊園」のホームページを制作。足で一基一基お墓を調査し、毎週更新を 20 年間休まず実施（現在も継続中）。掲載している人物は 3000 名を超える。サイトを通じて多くのご遺族と親交し、歴史学者や郷土史家、出版社らへの情報提供も行う。『有名人の墓巡礼』（扶桑社ムック）では一部執筆を担当。中学社会科・高校地理歴史の免許を取得し、通信制高校で教壇にも立つ。
本業はキャリアアドバイザー、メンタルコーチ、心の整え屋、未来コーディネーター。NPO 法人スポーツ業界おしごとラボ理事長、一般社団法人ファンダシオン理事、小村スポーツ職業紹介所所長。一般社団法人日本トップリーグ連携機構で 2020 年東京オリンピックに向けてホッケー普及活動等の仕事に従事後、三菱総合研究所の選手のセカンドキャリア事業プロジェクトメンバー、デュアルキャリア推進など多方面で活躍している。

「歴史が眠る多磨霊園」HP　http://www6.plala.or.jp/guti/cemetery/
メール　domura@jcom.zaq.ne.jp

歴史が眠る多磨霊園

2019 年 11 月 25 日　初版第 1 刷発行

著者――――小村大樹
発行者―――平田　勝
発行――――花伝社
発売――――共栄書房
〒 101-0065　東京都千代田区西神田 2-5-11 出版輸送ビル 2F
電話　03-3263-3813
FAX　03-3239-8272
E-mail　info@kadensha.net
URL　http://www.kadensha.net
振替　00140-6-59661
装幀――――佐々木正見
印刷・製本――中央精版印刷株式会社

ISBN978-4-7634-0906-5　C0025